KB215544

5층삼촌

5층 삼촌

2025년 5월 15일 제1판 1쇄 인쇄
2025년 5월 25일 제1판 1쇄 발행

지은이	박우
그린이	장선환
펴낸이	김상미, 이재민

편집	송미영
디자인	김다다

종이	다올페이퍼
인쇄	청아디앤피
제본	우성제본

펴낸곳	(주)너머_너머학교
주소	서울시 서대문구 증가로20길 3-12 1층
전화	02)336-5131, 335-3366, 팩스 02)335-5848
등록번호	제313-2009-234호

ISBN 979-11-92894-72-0 44300
ISBN 978-89-94407-98-2 44300(세트)

https://blog.naver.com/nermerschool
페이스북 @nermerschool 인스타그램 @nermerschool

너머북스와 너머학교는 좋은 서가와 학교를 꿈꾸는 출판사입니다.

새로운 연결, 조선족 이야기

5층 삼촌

박우 글 | 장선환 그림

너머학교

일러두기

● 조선족, 중국 동포, 재중 동포 등은 모두 19세기 중후반부터 북한 이북(당시 만주/간도 지역)으로 이주하여
   대체로 중국 국적을 유지하며 살고 있는 우리 민족을 일컫는 말이다. 1949년 이후 중국 정부가 56개
   민족의 일원으로 공인하며 연변 조선족 자치주를 설립했다. 본문에서는 조선족, 중국 동포를 섞어 썼다.

● 본문에 나오는 지명은 조선족 사람들이 읽는 한자 발음(우리와 같음)을 표기하고 처음 나올 때 중국어
   발음을 [   ] 안에 넣어 덧붙이는 것을 원칙으로 하되, 일부 지명은 중국어 발음을 그대로 썼다.

● 본문에는 조선족 사회에서 주로 쓰는 단어와 말투를 살려 썼고, 표준말과 다른 단어는 [   ] 안에
   표준말을 덧붙였다.

번호 적힌
종이 상자

1

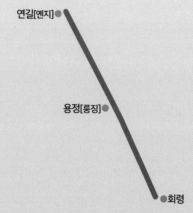

연길[옌지]●

용정[룽징]●

●회령

"사탕, 월병, 과자 등 식품은 1번이라고 적은 상자에 넣고 건전지, 집게, 고무줄, 머리핀, 빈침[핀], 호꾸[걸단추], 이런 잡동사니는 2번 상자에 넣어라."

5층 삼촌의 지시에 따라 두 남성이 구들에 널브러진 물건을 상자에 넣고 있었다.

"칫솔, 치약, 소화제, 소염제, 이런 것은 3번 상자, 손수건, 양말, 스카프 등의 재질은 4번 상자에 넣고."

"아지노모도(특정 브랜드가 아니라 조미료 전체를 부르는 말), 사카린은 어디예요?" 그중 한 명이 물었다.

"그건 마선[재봉틀] 밑에 넣을까 한다. 잠깐 기다려 봐."

5층 삼촌은 방 한구석에 세워져 있던 재봉틀을 해체했다. 의자에 앉아 작업할 수 있는 높이의 재봉틀은 세 부분으로 해체할 수 있었다. 재봉기, 재봉기를 넣는 몸통, 그리고 재봉틀 다리다. 5층 삼촌은 아지노모도와 사카린 봉지의 한 면에 테이프를 말아 붙여 양면테이프처럼 만든 후 재봉틀 몸통의 안쪽 상단에 붙이고 테이프를 덧붙였다. 위에서 들여다봐도 바로 보이지 않았다. 재봉기 몸통을 위아래로 두어 번 획획 흔들어 보더니, 5층 삼촌은 "뭐 이 정도면 될 것 같아."라고 했다.

"캬~, 완전 고숩니다! 하하~."

물어 본 남자가 엄지척을 날렸다.

"내가 지금 이거로 먹고 산 게 몇 년이야, 니들도 그렇지 않니?"

"그럼요. 형님 덕분에 우리도 하하."

세 사람은 분업이 잘 되었고 포장 과정의 분위기도 화기애애했다. 두 시간도 안 되어 물건들은 모두 상자에 들어갔다. 상자 아랫부분과 옆구리 쪽만 테이프를 붙이고 풀기 쉽게 끈으로 묶었다.

"해관[세관]에서 또 검사받아야 해서 이 정도만 해 두면 돼. 저녁이나 먹자. 나가서 소탕[소고기국밥]이나 먹을까? 내일 아침 일찍 떠나야 하니까, 저녁을 든든하게 먹어야지."

5층 삼촌은 손을 툭툭 털면서 말했다.

"민철아, 너도 가서 먹자. 그리고 내일 아침 같이 갈래? 어차피 돌아오는 차에 오면 되니."

"예, 좋아요. 어머니께 말씀드려 볼게요."

민철이도 5층 삼촌 일행을 따라 저녁 먹으러 갔다. 뜨끈한 소고기국밥을 배부르게 먹고 집으로 돌아오면서부터 민철이는 내일 아침이 기대되었다.

◇◇◇◇◇◇◇◇◇◇◇◇◇◇◇

이튿날 아침, 일찍 일어나 5층 삼촌네 집 문을 두드렸다.

"어, 들어와."

이미 출발 준비를 마친 삼촌 일행은 트럭이 도착하기를 기다렸다. 7시가 되자 아래에서 "빵빵~." 하는 소리가 들렸다.

"야, 왔다. 내려가자. 짐은 천천히 들고 내려가면 된다. 안 급하다."

상자는 총 7개였다. 한 사람이 두 번씩 건물을 오르내렸고 남은 하나는 민철이가 들고 내려갔다. 민철의 부모님은 4층에서 위아래를 보며 구경하다가, 차가 출발할 때 "삼촌 말씀 잘 듣고, 구경 잘 하고 와라."고 말했다.

차가 귀했던 1989년, 상자 7개를 뒤에 싣고 북-중 국경으로 나가는 일은 동네 구경거리였다. 5층 삼촌이 북한 무역하러 간다는 소문은 벌

써 퍼졌다. 아침잠이 적은 동네 어르신들은 차 옆으로 빙 둘러 모였다. 차를 구경하러 온 것인지, 북한에 잠깐 다니러 가는 일행을 구경하는 것인지는 분명하지 않았다. 5층 삼촌은 보조운전석에, 두 남성과 민철은 뒤에 탔다.

용정[룽징] 시내 한가운데서 출발한 트럭은 용두레 우물과 시정부 청사로 사용 중인 옛날 간도 일본 총영사관 건물을 지나 금방 근교까지 갈 수 있었다. 도시가 크지 않은 데다가 아침 시간이어서 기사는 브레이크를 거의 밟지 않았다. 남쪽으로 향한 트럭은 시골 도로를 따라 육도하(해란강의 지천)를 거슬러 달렸다. 안중근 의사가 사격 연습을 했다는 선바위, 윤동주 시인의 생가 마을인 명동촌을 선후로 지나 인적이 점차 드물어지는 국경 지역에 진입했다.

8월 초 두만강 이북의 아침은 시원했다. 기사를 제외한 일행은 아침밥으로 봉지에 담아 온 뽀즈[만두의 현지 표현]를 먹었다. 한참을 더 달린 트럭이 꽤 넓은 평야에 진입하자 전방에 높은 산들이 병풍처럼 펼쳐졌다.

"예전에 와 봤지? 저 앞의 산이 회령이다. 산 바로 아래는 두만강이고. 있다가 가까이 가면 잘 보인다."

민철이도 전에 여러 번 다녀 본 곳이었지만 올 때마다 느낌은 새로웠다. 같은 말과 문화를 공유하는 사람들이 강 하나를 사이에 두고 서로 다른 나라의 사람으로 살고 있다는 점, 게다가 저 강을 건너 남쪽으로 계속 가면 또 하나의 장벽이 가로막고 있으니 말이다.

일행은 삼합에 도착했다. 중국 측 국경 마을인 삼합[싼허]은 북한의 회령과 마주 보고 있는, 북-중 간 인적, 물적 교류가 활발한 오래된 통상구다. 트럭은 마을 한가운데로 들어가 군인이 보초 선 대문 앞에 멈췄다. 차에서 내린 5층 삼촌이 호주머니에서 서류 같은 것을 꺼내 보여주었다. 그러자 군인은 서류를 들고 트럭 쪽으로 와서 일행을 확인했다. 손짓을 보니 들어가라는 사인이었다. 트럭은 대문 안으로 들어가, 다른 차들을 피해 건물과 가까운 곳에 주차했다. 이 건물은 중국 측 출입국 사무소 건물이다.

일행은 차에서 내려서 큰 밀차에 상자와 마선을 싣고 건물 안으로 들어갔다. 한산한 밖에 비해 안에는 제법 사람들이 있었다. 건물 반대편으로 연결된 문 두 곳에는 서로 다른 방향으로 두 줄을 서 있었다. 한 줄은 북한으로 나가려는 사람들, 다른 한 줄은 북한에서 들어온 사람들이었다.

"얘는 학생이요. 그냥 저기 앞에 나갔다가 집에 돌아갈 애요."

5층 삼촌이 통행증 없는 민철을 가리키면서 출입국 직원한테 한 말이다. 그 직원도 알았다는 듯이 지나가라고 했다. 일행은 출국장을 나와 국경 다리와 연결된 작은 공터에 모였다.

"야, 거 봐라. 사카린, 아지노모도 다 일없지? 내가 뭐랬니?"

5층 삼촌은 우쭐하면서도 나지막하게 말했다. 민철은 너무 티 나게 반응하면 주목받을 것 같아 예의상 머리만 끄덕였다.

"건너만 가면 다 된 거야. 저쪽에서는 굳이 신경 쓸 일이 없으니."

5층 삼촌은 자신만만했다.

"9시에 건너갈 사람들 여기 다 모이세요!"

직원으로 보이는 사람이 큰 소리로 말하자 공터에 삼삼오오 흩어져 있던 사람들이 한 곳으로 모였다. 민철이도 자연스럽게 따라갔다. 이것저것 주의 사항을 안내받고, 9시 정각이 되자 사람들은 다리 쪽을 향했다. 다리의 중간쯤에 국경이라고 표기한 선이 있고, 이 선을 가운데 두고 양측에 완충 지역이라고 표기한 선이 또 있었다. 5층 삼촌은 민철에게 3주 뒤에 보자고 말한 뒤 가벼운 발걸음으로 국경선을 건넜다. 두 남성도 뒤따랐다. 민철이처럼 완충 지역에 남아 건너지 않는 사람은 전체의 1/3 정도였다. 배웅하러 온 사람들이었다.

장난기가 발동한 사람들 중에는 자기들끼리 "너를 확 건너편으로 밀어 버릴까? 저쪽에서 따발총으로 드르륵하게.", "뭐라고? 너는 그러면 내가 다리 밑으로 확 밀어 버릴까? 둥둥 동해에 떠내려가서 간이 사라지게 말이야!"라는 험한 농담을 주고받았다. 이 사람들 속에 섞여 민철이 타고 온 트럭으로 돌아가자, 다른 사람과 이야기를 나누던 기사는 시동을 걸었다.

◇◇◇◇◇◇◇◇◇◇◇◇◇

　5층 삼촌은 용정에서 국경 무역으로 유명한 사람이다. 중-러 국경과 직선거리로 약 50km 떨어진 흑룡강성[헤이룽장성] 계서[지시] 출신이다. 아버지는 경상북도 영천 출신, 어머니는 함경북도 회령 출신이다. 본인은 중국에서 태어났다. 1세대 중국 동포 중에는 한반도 북부출신들이 많았지만 1930년대 중후반부터는 경상북도 사람들도 중국으로 이주를 꽤 많이 했다. 이들은 북만주 지역, 지금으로 치면 하얼빈 동쪽의 중-러 접경지역으로 이주했다. 그래서 그런지 5층 삼촌은 연변[옌볜]에 살아도 연변 말투가 아니라 남도 말투(한반도 이남 지역 말투에 대한 연변식 표현)를 사용했다.

　1962년생 5층 삼촌이 연변에 온 것은 5년 전이었고, 민철이네 아파트에 이사 온 것은 1년 전인 1988년이었다. 처음 이사를 왔을 때 낯선 말투의 5층 삼촌은 아파트 주민은 물론 동네의 이야깃거리였다. 그런데 이분이 워낙 싹싹해서 사람들과 잘 어울렸고, 곧 동네에서도 장사재주가 일품이라고 칭찬이 자자해졌다.

　5층 삼촌이 연변에, 그것도 굳이 용정에 이사를 온 것은 바로 북한 무역을 하기 위해서였다. 회령에는 외가 4촌과 6촌 친척들이 살고 있었다. 중국은 1979년에 개혁과 개방을 추진하는 한편 그동안 심각하게 막혀 있던 북한과의 외교 관계를 개선하려는 의지를 보였다. 두 나라 정상이 상호 방문하기 시작했고, 1980년대 중반에 이르러 양국은 국경 지역 시장을 개방했다. 두만강과 압록강을 사이에 두고 20여 년을 만나지 못했던 두 나라의 주민들은 환호했다.

개혁 개방 초기에는 중국 동포들이 북한에 많이 진출했다. 대부분이 친척 방문을 겸한 무역이 주목적이었다. 중국에서 사경제 부문이 합법화된 것이 결정적인 이유였다. 1980년대부터 북한의 중공업 위주 계획 경제의 한계가 드러났고, 이 냄새를 민첩하게 맡은, 장사 기질이 있는 중국 동포들은 너나 할 것 없이 중국에서 경공업 제품을 구입하여 북한에 내다 팔았다. 5층 삼촌이 상자에 담은 것들이 전부 북한에서 불티나게 팔리는 상품들이었다. 친해진 지 1년밖에 안 되었지만 5층 삼촌은 민철이를 엄청 챙겼다. 물론 자신의 영웅담을 설교하는 것도 잊지 않았다. 중국이든 북한이든 완전히 개방되지 않았던 시절에 국경을 획획 날아 건넜으니 자랑을 할 만도 했다.

"너 회령에 홍콩시장이 있다는 걸 아니?"

출발하기 전날 저녁에 소고기국밥을 말던 5층 삼촌이 민철이에게 건넨 말이다.

"홍콩? 영화에 나오는 홍콩요? 그런 곳이 있다고요?"

"회령 기차역 앞에 광장이 있는데 중국에서 간 사람들이 거기서 장사를 하고 있어. 그리고 거기 주민들이 와서 사고, 완전히 장마당이야, 장마당. 사람들이 모여서 물건을 사고파는데 홍콩처럼 번화하다고 그런 이름이 붙었어."

"뭘 팔아요?"

"그냥 여기서 식품이랑, 자잘한 일상용품들을 가져가면 잘 팔려, 거긴 그런 게 많이 없거든."

삼합에서 육로로 회령 세관에 도착한 사람들은 짐이 있으면 소달구지를 이용하고 홀몸이면 도보로 시내에 들어갔다. 중국 동포들은 그곳의 친척 집에 머물렀다. 5층 삼촌의 친척은 회령시 망양구 7반에 있었다. 이곳엔 단층연립형 주택이 많았다. 단칸방 집이 여러 개 붙어 기다란 건물을 만든 모양새였다. 공용으로 사용하는 앞마당에는 빨랫줄이 질서 있게 연결되었고, 장독이 듬성듬성 놓여 있었으며, 아이들이 놀다가 두고 간 딱지와 구슬이 여기저기 보였다. 5층 삼촌이 가면 외4촌 형이 비좁은 방을 비워 준다며 밤에는 독립한 친구 집에서 잤다. 망양구의 친척집에서 홍콩시장까지는 팔 물건을 메고 도보로 다니기에 적절한 거리였다.

가지고 간 물건 중 식품이 가장 인기 상품이어서 유통 기한이 지나기 전에 모두 동났다. 공산품들은 중국에서 간 상인들이 직접 팔거나 도매로 북한 주민에게 넘기는 등 판매 방식이 다양했다. 하지만 홍콩시장은 단순히 중국에서 가지고 간 물건을 판매하는 곳만은 아니었다. 북한 사람들이 자신이 팔 수 있는 물건을 중국에 내다 파는 통로이기도 했다.

연변과 대조적으로 동쪽과 서쪽이 바다인 북한은 해산물이 풍부했다. 당시까지만 해도 연변에서 판매되는 해산물은 거의 모두 북한산과 러시아산이었다. 상인들은 중국에서 가지고 간 물건을 다 팔면 그 돈으로 연변의 시장에서 잘 팔릴 것 같은 북한산 해산물을 구입했다. 건어물들, 말린 조갯살, 낙지, 미역, 간고마이, 이리꼬, 명태 등이 그 주인공이었다. 북한에서는 오징어를 낙지라고 불렀고, 미역과 다시마는 정확하게 구분되지 않은 채 섞여 있었다. 고등어의 함경도 방언이 고마이인데, 소금을 뿌린 간고마이는 연변에서도 엄청 인기 있는 생선이었다. 이리꼬는 정어리나 멸치를 말한다.

물론 이런 건어물도 계절을 타기 때문에 항상 구입할 수 있는 것은 아니었다. 북한 주민들은 같은 물건도 중국에서 온 동포들에게 팔면 값을 더 쳐준다고 해서 잘 보관했다가 홍콩시장에서 흥정하고 넘겼다.

3주 뒤, 아니나 다를까 5층 삼촌은 들고 간 양만큼, 아니 더 많이 들고 집에 왔다. 숫자가 적힌 그 종이 상자 7개에다가 마대 2개가 더 있었다. 아파트 아래는 분주했다. 동네 어르신들은 또 구경거리가 생겼다고 나왔다.

"많이도 갖구 왔구먼!"

"아, 예, 그리됐습니다."

5층 삼촌은 민철이를 보자마자 트럭 기사한테 "야한테 그 아까 구운 스루메 줘라."고 했다. 중국 동포들의 일상 용어에는 일본어가 꽤 많이 섞여 있었다. 트럭 기사가 불에 구운 마른오징어를 봉지째 민철이에게 건넸다.

"부모님께 드려!"

트럭에서 내린 상자와 마대는 냄새만 맡아도 해산물이나 건어물임을 알 수 있었다. 생각보다 많이 샀는데 꽤 돈이 되는 물건들이었는지 5층 삼촌은 기분이 좋았다. 짐을 모두 집에 올려놓은 후 민철이를 보고 "너 내일 뭐 하니? 삼촌 같이 연길[옌지] 갈래?"라고 했다.

"연길은 왜요?"

"내가 심심해서 그런다. 저거 갖다 팔아넘겨야지."

"어차피 방학인데, 갈게요!"

"스루메를 먹었으니 내일 짐을 좀 들어야 된다."

그렇다. 먹을 것을 먼저 줄 때는 그 이후를 의심해야 했었다.

이튿날 오전 일찍이 일행은 다른 트럭을 불러 연길로 향했다. 용정과 20km 정도 떨어진 연길은 연변의 중심 도시다. 예전에는 '국자가'라고 불렀다. 간도의 중심 지역으로서 한반도와 만주국 요지를 연결하는 지역이었다. 연길 서시장은 국자가의 서쪽에 위치한, 예전부터 조선인들이 살고 있던 지역에 형성된 장터였다. 그러다가 제법 큰 규모의 시장으로 성장했다.

도시가 전체적으로 서쪽으로 확장하자 이른바 서시장은 연길의 서쪽이 아닌 한가운데 위치하게 되었다. 북한 무역이 한창일 때, 상인들은 여기에서 물품을 구입했고 북한에서 구입한 건어물도 이곳에서 도매로 넘겼다. 건물 1층의 한쪽이 전문적으로 건어물을 파는 곳이었다. 흰색 모자와 팔 토시를 한 아주머니가 반갑게 맞았다.

"이번에는 많이 가져왔네! 언제 또 회령 갔다 왔어?"

"예, 어제 왔어요. 상태가 좋을 때 빨리 가져오느라고 오늘 바로 왔습니다."

"좋네, 다 상태가 좋아. 안 그래도 명태가 거의 다 나갔는데, 마침 잘 가져왔어."

"나도 명태는 생각도 못 했는데 회령의 아주머니가 자기 친척이 청진에 사는데 명태를 사겠는지 물어봐서, 내가 도착한 첫날에 바로 얼마 있는지 물어보고 가져오라고 했어요. 마침 회령에서 출발하기 사흘 전에 명태가 도착해서 가져왔죠."

"지금 명태가 너무 잘 팔려, 조선 명태만 가지고 안돼서 소련 명태를 들여올까 하는 사람들이 생겼어."

북한산 명태를 조선 명태라고 했고, 소련이 붕괴되기 전이어서 소련 명태라고 불렀다.

"예? 소련 명태요?"

"어! 해삼위(블라디보스토크를 한자로 부르는 지명) 가면 널렸다고 하네. 거기서도 중국에 수출하겠다고 난리도 아니래."

"아하! 해삼위! 거기 옛날에 고래도 잡고 참치도 잡던 동넨데. 내가 잘 알아요!"

"그래그래. 거기 소련 사람들이 기름이 많아서 바다 멀리 나가서 잡는데, 소련 명태가 조선 명태보다 더 커. 그리고 무리를 쫓아가면서 잡는다고 하더라고. 더 싸고 더 크고."

"아니 그런데, 거기 해산품이 건너올 수 있어요?"

"내사 모르지. 건너올 수 있으니까 그런 말 하는 사람이 있지. 조만간에 소련 무역이 뜰 것 같아!"

5층 삼촌은 눈에서 빛이 났다. 건네받은 묵직한 돈다발을 보고 기뻤을까, 아니면 소련 명태로 돈을 더 벌 수 있을 거라는 생각 때문이었을까? 3주 북한을 다녀와서 5층 삼촌은 다른 사람의 4개월 치 월급보다 많은 돈을 벌었다. 투입 대비 산출을 따지면 많이 남는 장사였다.

북한 무역이 이렇게 돈이 되는 사업이었기에 북한에 친척이 있는 중국 동포들은 너나 할 것 없이 무역에 종사했고, 중국에 친척을 둔 북한 사람들도 다투어 중국에 건어물을 수출했다. 이들은 세계정세, 국제 관계, 정치 이념 따위는 관심도 없었고 잘 알지도 못했다. 모두 주어진 환경에서 최선을 다해 돈을 벌었다. 이렇게 번 돈으로 결혼하고 자녀를 교육시키고 부모를 봉양했다. 5층 삼촌은 번 돈을 고향의 부모님께 보내고 용정에서 결혼 준비를 했다.

채색의 세계,
청량한 소리,

그리고

오른쪽의
핸들

2

용정[룽징]●

삼합[싼허]●

●회령

남들도 다루는 물건만 가지고 5층 삼촌이 무역업으로 유명한 사람이라고 평가할 수는 없다. 사실은 건어물보다 더 큰 것이 있었다.

1990년 여름, 5층 삼촌은 예년과 비슷한 품목을 준비했다. 동행하는 사람이 한 명 더 있었다. 화룽[허룽]의 남평[난핑] 통상구를 통해 함경북도 무산에 가는 사람이었다. 무역을 하면서 알게 된 화룽 사람인데, 투자할 돈이 부족하여 5층 삼촌이 구입한 상품을 무산에 가져다 팔고 건어물을 가져오면 인건비 명목으로 돈을 받았다. 이번에도 3주였다. 두 사람은 중국으로 돌아와 만날 시간과 장소를 정하고 출발했다.

무산은 회령만큼 큰 도시는 아니지만 철광석이 풍부한 것으로 소문난 곳이다. 실제로 무산을 경유하는 두만강을 보면 강바닥에 철광석이

침전되어 붉은 색을 띤다. 화룡에는 시내 터미널에서 남평까지 직통하는 무역상 전용 버스가 있었다. 그만큼 이곳에도 북한 무역이 활발했다. 통관 절차는 삼합-회령과 비슷했고 사람들이 가지고 다니는 품목도 비슷했다. 재미있는 것은 무산 버스터미널 앞에도 이른바 '홍콩시장'이 있다는 것이다. 회령 역전과 마찬가지로 중국에서 진출한 상인과 그곳의 북한 사람들이 물건을 사고파는 시장이 도시 한가운데 형성된 것이다. 화룡 사람은 가지고 간 물건을 무사히 다 팔았다. 그리고 종이 상자에 건어물을 담아 왔다.

회령에 다녀온 5층 삼촌은 이번만큼은 건어물을 가져오지 않았다. 대신 빳빳하게 잘 포장된, 겉면에 영어 표기가 있는 큰 종이 상자 하나와 한 손으로 들 수 있는 작은 종이 상자 하나를 싣고 왔다. 작은 종이 상자도 포장이 잘 되었고 영어 상표가 적혀 있었다. 민철의 아버지가 종이 상자들을 보더니 "새살림이 달달하네! 이런 것도 가져다 놓고, 새 색시 좋아하겠어!"라고 했다. 5층 삼촌은 신이 났고, 집에서 기다리던 아내도 기뻐 어쩔 줄을 몰랐다.

"이걸 어떻게 구했는지 알려 드릴게요. 하하. 이야~~ 정말, 이래서 무역을 해야 한다니까요!"

회령 역전 홍콩시장에서 사탕과 월병을 팔던 어느 날 오후였다. 짧은 파마머리를 한 평범한 옷차림의 여성이 다가왔다.

"혹시 중국에서 오셨어요?"

"예, 월병 사게요?"

"하나만 주세요."

통에서 월병 하나를 꺼내 주고 돈을 받았다. 여성은 나지막한 소리로 물었다.

"혹시 일본 테레비[텔레비전]가 있는데, 생각 있어요?"

아! 요즘 북한에 다녀왔다 하면 하나씩 장만한다는 고가의 일본제 TV 아닌가? 5층 삼촌은 크게 관심이 생겼다. 민철이네도 북한 무역을 한 사람을 통해 일본제 TV를 장만했고, 5층 삼촌은 이를 몹시 부러워했던 참이었다.

"그래요? 어떻게 받을 수 있어요?"

"진짜 생각이 있어요? 있으면 저녁 7시에 이 자리에서 다시 만납시다. 혼자 나오세요."

"아, 예, 그냥 살 수 있는 게 아니에요?"

"예, 혼자요. 저녁 7시."

처음 만난 두 사람치고는 서로에 대한 신뢰가 꽤 깊었던 모양이다. 여성이 월병을 먹으면서 오던 길을 돌아가자, 5층 삼촌은 기대 반 걱정 반으로 오후 남은 시간을 때웠다. 너무 사고 싶었던 TV를 손에 넣을 수 있다는 기대감과 왜 굳이 해가 질 때 혼자 나오라고 하는지 걱정이

뒤섞여 있었다.

팔던 물건을 집에 가져다 놓고 저녁을 급하게 먹은 후 다시 그 자리로 갔다. 홍콩시장은 해가 지면 산책하는 사람만 있어 한산하다. 기분 탓인지 분위기 탓인지, 오후에 만난 여성을 다시 만났을 때 엄청 신비스러웠다. 5층 삼촌은 여성을 따라 주택가 쪽으로 향했다. 간단한 대화를 나누며 단층집들이 빼곡한 골목길로 들어섰다. 아니 뭐 TV를 사는데 이렇게까지 해야 하나? 골목길에 들어선 뒤에도 요리조리 모퉁이들을 돌아 한 집 앞에 멈췄다. 5층 삼촌은 잠깐 대문 밖에 서 있고, 여성은 마당으로 들어가 문을 두드리고 뭔가 이야기하는 듯했다.

집 안에서 한 남성이 나오더니 5층 삼촌을 맞이했다. 문을 열고 들어가면 신발을 벗는 곳이 있고 오른쪽은 부엌이었다. 실내는 큰 단칸방인데 가운데 미닫이를 설치하여 부엌과 이어진 방을 아랫방, 저쪽 방을 웃방이라고 불렀다. 5층 삼촌은 아랫방의 구들목에 앉았고 남성은 미닫이를 열었다. 집 안에는 겨우 희미한 전등 하나가 켜져 있었지만 웃방에 있는 종이 상자는 밝고 눈부셨다.

"이게 며칠 전에 가져온 히다찌요."

말로만 듣던 히타치(HITACHI) 컬러 TV였다. 당시 이런 일본산 컬러 TV는 북한에서 공식적으로 판매되는 것이 아니라 운에 따라 살 수 있는, 요즘 말로 희귀템이었다. 북한 무역을 한다고 해서 모두 구입할 수 있는 것이 아니고, 기회가 있다고 해도 가격 흥정에 실패하면 자기 것이 될 수도 없었다. 중국에서 컬러 TV가 보급되기 전이었지만 중국 동포 가정 중 좀 산다는 집에 이미 1980년대 중후반에 일본제 컬러 TV가 있었던 데에는 이런 사연이 있다.

5층 삼촌은 너무 흥분하여 바로 가격 흥정에 들어갔다. 북한 주민 입장에서도 이런 가전제품은 빨리 처리할수록 좋았기에 너무 비싸게 부르지도 않았다. 이들도 중국 동포들이 회령에서 물건을 팔아 얼마를 버는지 대충 알고 있었다. 길에서 드는 여비와 운비[운송비]를 빼고 적절하다고 생각되는 수준의 가격을 불렀고, 5층 삼촌은 크게 흥정을 하지도 않고 사기로 했다. 그런데 TV가 잘 작동하는지는 확인할 길이 없었다. 전기가 부족한 데다 콘센트도 맞지 않았다.

"걱정하지 마쇼. 일본에서 온 걸 우리는 뜯지도 않았소. 그리고 가져가서 안 되면 다음에 회령 올 때 찾아오면 되잖소!"

앞에서도 이야기했지만, 당시 사람들은 서로에 대한 신뢰가 깊었다. 5층 삼촌은 일단 찜해 놓고 돈을 지급할 방법, TV를 가져갈 방법 등을 의논했다.

"내일 저녁 7시, 홍콩시장 같은 장소에서 만납시다. 돈을 가지고 나오고, 니아까[손수레]는 우리가 준비하겠어요. 이게 무거워서 다른 사람 같이 오는 게 좋겠어요. 그리고 상자 우[위]에다가 씌울 천이나 보

재기 같은 거 하나 가져오세요. 아무리 어둡다고 해도 나는 왜 저 상자
에 적힌 검은색 영어가 눈에 띄는지 모르겠어요."

아주머니도 긴장한 것 같았다.

"예, 내일 현금 가져오고, 천을 하나 준비할게요."

5층 삼촌은 여성과 함께 큰길가까지 나갔다. 거기서 두 사람은 헤어
졌다. 집에 도착하자마자 수중의 돈을 확인했고, 한 블록 떨어진 다른
집에 가서 북한 무역하러 온 중국 동포 지인 아무개를 찾아 돈을 빌렸
다. 중국 가서 바로 준다고 하면서. 대개 이런 경우에는 상대방도 뭔가
좋은 일이 있다는 것을 알아차리고 흔쾌히 빌려줬다. 이렇게 5층 삼촌
은 그날 저녁에 TV 살 돈을 준비했고, 돈을 빌려준 친구 한 명과 다음
날 저녁 홍콩시장의 그 '접선지'로 나갔다. 김장용 마늘을 나르던 천도
챙겼다.

<hr/>

제시간에 나온 그 여성과 함께 어제 그 집으로 향했다. 마당에는 TV
상자가 들어갈 만한 밀차가 하나 있어서 5층 삼촌과 집주인 남성은
TV를 조심스럽게 거기에 실었다.

"소리 나지 않게 내가 바퀴에다가 기름까지 쳤어요."

"아하하, 감사합니다. 돈은 여기 있습니다. 세어 보세요."

검은색 봉지에서 돈뭉치를 꺼낸 아저씨는 1/3씩 집어 들고 오른손 엄지와 검지에 침을 발라 가면서 세었다.

"딱 맞네, 가져가시오."

돌아가는 발걸음은 기쁘고 가벼웠다. 이번에는 여성이 5층 삼촌이 머무는 집까지 함께 갔다. 밀차를 도로 가져가야 했기 때문이다. 집에 TV를 고이 모셔 놓고 5층 삼촌은 배웅하러 홍콩시장까지 나갔다.

"그런데, 이 테레비는 어디서 났어요? 중국에서 장사하러 와도 운이 좋아야 살 수 있는 것인데, 내가 참 고마운 분들 만났습니다."

"아, 그래요. 좀 희귀한 물건이죠."

"왜 팔려고 해요? 집에 놓고 보지 그래요?"

"아, 뭐 우리는 테레비는 별로 재미가 없어요. 그런데 테레비는 가끔 들어와요."

"가끔 들어와요? 무슨 말이에요?"

"우리 집 남편이 예전에 일본에서 왔어요. 재일 교포예요. 일본에는 가끔씩 다니고, 일본에서 친척이나 지인들이 종종 와요."

"아, 그래요? 일본에도 조선 사람이 있습니까?"

"남편은 1970년에 왔고, 의사로 일하고 있어요. 일본에서 건너온 저 테레비도 지난번에 마침 친척이 오면서 하나 가져다준 거예요."

"테레비가 가끔 들어온다는 게 일본에서 들어온다는 이야기네요? 그럼 혹시 테레비 말고 다른 것들도 일본에서 들어옵니까?"

"내일, 청진에서 오는 친구가 라지오[라디오]를 하나 가지고 와요. 재일 교포 출신들이 귀국해서 여기저기 사는데, 계속 연락하고, 일본에서 물건을 가져오면 또 이렇게 돌리면서 중국에 팔고 그래요."

5층 삼촌은 완전히 새로운 세상을 만났다. 북한에서 일본산 가전 제품을 구입한다는 것 자체가 미스터리였는데, 재일 교포가 북한에 돌아온 이후 이들이 북한과 일본 사이에서 무역을 하고 있다는 사실을 알게 된 것이다. 일본에서 생산된 최신식 가전제품이 재일 교포를 통해 북한에 상륙하고, 이것이 다시 북한 주민과 중국 동포의 교환을 통해 연변으로 간다!

"라지오요? 그것도 일본산입니까?"

"예, 요즘 일본에서 디스코 추는 사람들이 그거 들고 다니면서 춤도 춘다고 하던데."

"예? 라지오로 디스코 춘다고요?"

"뭐, 나도 잘 몰라요. 그런 게 있나 보다 해요."

"혹시 그거 내일 확실히 오는 게 맞아요? 구경하고 싶은데."

"예, 내일 오전에 도착해요. 늦으면 점심에 도착하고. 기차 편이 조금 늦어질 수도 있어요. 오후나 저녁이면 볼 수 있을 것 같아요."

"아, 그러면 내일 저녁에 다시 갈게요. 그런데 내가 그 골목길은 계속 밤에 들어가서 잘……"

"그러면 내일 저녁에 또 7시에, 거기서 봅시다."

홍콩시장까지 온 두 사람은 헤어졌다. 5층 삼촌은 그 신비의 문물을 영접할 수 있다는 기대감에 부풀었다.

이번에도 희미한 전등불 아래 사람들이 모였다. TV보다는 훨씬 작은 부피였다. 포장 역시 뜯지 않은 상태의 신상이었다. 5층 삼촌은 갑자기 이 라디오에도 관심이 생겼다.

"이건 얼마에 팔 거예요? 테레비는 중국 돈으로 2,500원 했으니, 이건 더 많이 싸게 할 수 있죠?"

집주인과 여성은 잠깐 생각에 빠졌다. 그들도 이 물건을 처음 받고 팔 준비가 안 된 상태였다. 그때 라디오를 가져온 친척이 말했다.

"이거 지금 일본에서 금방 나온 건데, 라지오뿐만 아니라 테이프를 넣고 틀면 노래도 나오는 거요. 젊은 사람들이 요즘 이거 없으면 놀지 못한다고 하던데. 중국 가져가면 무조건 사람들이 욕심낼 것 같은데!"

상자 오른쪽에 제품 그림이 어렴풋이 보였다. 라디오 기능이 있는 카세트 플레이어였다! 상자 왼쪽에는 영문으로 큼지막하게 'Panasonic(파나소닉)'이 적혀 있었다. 이 카세트 플레이어는 중국에 가져다가 돈을 더 얹어 팔아도 무조건 잘 팔릴 제품임이 틀림없었다.

"내가 살게요. 값을 쳐주세요."

"그러게, 얼마면 좋을까?"

"내가 어제 조선 돈은 전부 테레비 살 때 다 써서 없고, 중국 돈이 700원 있는데, 테레비와 비교하면 가격도 적절할 것 같은데 나에게 파시죠?"

재일 교포 출신 남성과 아내, 그리고 친척은 흔들렸다. 5층 삼촌은 넉살 좋게 자기가 많이 쳐준 것이라는 둥, 일본 제품이 곧 중국에도 수출될 것인데 그때에는 이 가격에 못 넘긴다는 둥 능숙한 언변으로 설득했다. 오래 붙잡고 있어 봤자 위험 부담이 크고, 다른 사람이 카세트플레이어에 관심을 보인다는 보장도 없어 사람을 만났을 때 팔아 버리는 쪽으로 결론이 내려졌다.

5층 삼촌도 나중에 알게 된 것인데, 중국에서 가지고 간 식품과 공산품은 반공식적인 홍콩시장에서 판매되었지만 부피가 크고 가격이 제법 나가는 가전제품은 아직 공식 시장(백화점 등)에 입점할 수 있는 환경이 아니었다. 그러나 북한 당국은 사경제를 어느 정도 풀어 주는 것이 인민들이 먹고사는 데 일정하게 도움을 줄 수 있다고 묵인해 주었던 것이다. 기실 당국이 마음먹고 집집마다 찾아다니면 얼마든지 몰수할 수 있었다. 하지만 그럼에도 불구하고 북한 주민들의 입장에서는 당국의 묵인도 위험 요소일 수 있었기에 사람들의 눈을 피해 밤에 거래를 했던 것이다.

5층 삼촌은 신이 났다. 물론 돈을 주고 샀지만 요즘 말로 '득템'했다. 중국에 귀국하기 2일 전에 가전제품을 두 개나 손에 넣었으니 말이다. 아직 신혼인데, 집에 돌아가 아내와 컬러 TV를 보고, 음악을 들을 것을 상상하니 남은 이틀도 빨리 지나갔으면 좋겠다는 생각뿐이었다. 이번에 만난 재일 교포는 3년 뒤에 5층 삼촌이 몇 개의 큰 건을 해결하는데 중요한 인맥이 되었다.

◇◇◇◇◇◇◇◇◇◇◇◇◇◇◇◇◇◇

"그래, 이제 상자 풀고, 테레비 켜 봐!"

민철의 아버지도 궁금하다는 듯이 재촉했다.

"아 그런데 아직 천선[안테나의 연변 말]이 없어서……. 뭐 일단 연결은 해 봅시다."

"그건 우리 집에 걸 먼저 가져다 연결해 봐. 민철아, 집에 가서 테레비 우에 천선 가져오너라."

민철은 뛰어가서 자기 집 TV의 안테나를 들고 왔다. TV는 자체 안테나가 있었지만, 당시에는 신호가 약해 안테나를 하나 더 추가하여 사용했다. 주파수에 따라 채널을 정하고, 8개의 채널 버튼을 하나씩 눌러 봤다. 걸려든 게 있었다. 무슨 프로인지 모르지만 눈앞에는 채색의 어떤 외국 도시가 등장했고, 자유분방한 옷차림의 행인들이 웃으면서 지나갔다. 5층 삼촌은 남편으로서의 역할을 잘 수행한 것이 뿌듯했고 아내는 자신도 이제부터 흑백이 아닌 채색의 세계를 볼 수 있다는 것에 행복감을 느꼈다. 다음은 카세트 플레이어 차례였다.

"민철아, 거 집에……."

"예, 테이프 가져올게요!"

아버지의 말이 끝나기도 전에 민철은 집에 가서 아버지의 애창곡이 수록된 테이프를 가져왔다. 다 감겨져 있는 A면을 넣었다.

"이 강산 낙화유수 흐르는 봄에, 새파란 젊은 꿈을 엮은 맹세야."

민철의 아버지는 남인수의 노래를 좋아했다. 카세트 플레이어에서 흘러나오는 소리는 너무 청량했고, 노래도 너무 좋았다.

"안 되겠다, 이거 거저[보통] 일이 아이다. 민철아, 내려가서 맥주랑 안주 좀 사 와라."

호주머니에서 돈을 꺼내는 민철의 아버지는 기분이 너무 좋았다. 이유는 딱히 몰랐다. 5층 삼촌도 덩달아 흥분해서 바로 술상을 준비했다. 1990년의 어느 하루, 용정 한가운데 위치한 아파트 5층에서는 재일 교포와 북한 사람의 손을 거쳐 도착한 일본산 카세트 플레이어로 남한 가수가 부른 노래를 들으며 술을 먹는 중국 동포가 있었다. 소련

이 붕괴 직전이었고, 한국은 중국과 수교를 앞두고 있었다.

훗날 학자나 정치인들은 이런 사소한 삶의 현장을 건너뛴 채 시국의 거대 담론을 이야기했다. 하지만 밥상에 마주 앉은 이들에게 있어 그저 물 건너온 가전제품을 보고 기뻐서 노래 들으며 술잔을 기울이는 것이 그 순간 삶의 전부였다. 거대한 서사도 장엄한 시국도 이들에게는 중요하지 않았다. 가족이 기뻐하고 이웃이 즐거우면 그게 좋은 세상이었다.

5층 삼촌은 항상 바빴고 사업은 날로 번창했다. 언제부터인가 은색의 승용차를 몰고 다녔다. 무역 회사를 등록하고 사장이 되었으니 차는 필수라고 했다.

"그런데 왜 핸들이 오른쪽에 있어요?"

민철이는 신기하다는 듯이 물었다.

"일본에서 건너온 차다. 도요다(TOYOTA), 중국말로 펑톈이다."

"일본 차는 어떻게 샀어요?"

"어, 그게 또, 회령에 그 재일 교포 나그네가 완전 대단한 사람인 게, 이 양반이 차도 다루네! 내가 또 그 줄을 타서 여기 건너온 거 하나 건졌다."

덩샤오핑은 1992년에 자신이 개혁 개방의 1번지로 지정한 선전을 둘러본 후 경제 개혁을 심화한다고 했다. 경제적 자유화의 확대는 국경 지역 사회를 더욱 복잡하게 만들었다. 하지만 지역 공무원의 승진에 있어 경제 발전이 사회와 정치 안정보다 우선순위에 있었다. 즉 정부는 돈이 되는 일을 장려했다. 중국과 북한 사이의 해산물과 소규모 공산품이 홍콩시장과 연길의 서시장에서 교환되다가 일본산 가전제품이 밀무역과 공식 무역 사이 애매한 경계에서 줄타기를 하면서 연변에 들어왔고, 이어 일본산 자동차까지 밀무역의 형태로 연변에 들어온 것이다. 자기 말로는 하나 건졌다고 했지만 5층 삼촌은 중국 쪽의 수입업자 중 한 명이라고 볼 수밖에 없었다. 왜냐하면 차가 어떻게 일본에서 출발해서 연변까지 오는지 너무 자세히 알고 있었기 때문이다.

5층 삼촌에 의하면 강원도 원산과 일본의 니가타현 사이를 오가는 북한 국적의 삼지연호에 실려 일본 중고차들이 북한에 넘어왔다. 개인이 이런 큰 사업을 한다고 보기는 어려웠다. 이후 중고차들은 원산에서 철도로 통상구가 있는 북-중 국경 지역 도시에 도착한다. 이미 다양한 무역 경로를 확보한 연변과 인접한 지역이 우선적이다. 저녁이 되면 두만강의 강폭이 좁은 곳을 중심으로 업자들이 양측에서 전짓불로

서로 신호를 주고받았다. 중국 측에서 신호가 확실하다고 판단하면 북한에 건너가 차의 상태를 확인하고 현금을 건넸다. 이후 차는 수심이 얕은 곳을 건너 중국으로 들어갔다. 차가 많을 때는 밧줄로 차들을 연결하기도 했다.

무역상들은 일본에서 이런 중고차를 3,000달러 정도에 구입했다. 중국으로 건너갈 때는 6,000~7,000달러, 그리고 중국 내륙으로 가면 최대 15,000달러까지 치솟았다. 가장 인기 있는 차종이 도요타 크라운과 닛산 세드릭이다. 5층 삼촌이 몰고 다니던 차가 바로 전자다. 이후 차량이 많이 수입되자 중국 당국도 단속을 시작했다. 하지만 개인 차원의 밀무역은 한동안 지속되었다. 핸들을 기준으로 단속하자 자동차 정비업소들은 핸들 위치를 왼쪽으로 바꿔 주는 서비스를 제공하기도 했다. 5층 삼촌은 두만강 상류의 화룡 숭선[충산] 근처에서 차를 넘겨받아, 다른 곳에 팔고 남은 것을 자기 애마로 사용했다.

사경제 영역에 몸을 내던진 5층 삼촌은 개혁 개방의 전형적인 수혜자였다. 그렇다고 해서 그의 노력이 의미 없다는 것은 절대 아니다. 용정에 이사 왔을 때 그는 맨땅에 헤딩한 무일푼의 무역꾼이었다. 그러나 몸을 사리지 않는 몇 년의 분투 끝에 그는 30대 초반에 남들로부터 성공했다는 소리를 들었다. 국가의 녹을 먹고 사는 4층 민철의 아버지 월급이 크게 인상되지 않은 탓에 불과 몇 년 만에 두 사람의 경제적 지위가 역전되었다. 이는 두 사람한테서만 발생한 일이 아니다. 다양한 분야에서 시장 경제의 물결을 따라 노를 저은 사람들이 한둘이 아니었기 때문이다.

이후 민철의 아버지 같은 사람들도 자신이 보유한 정치적 자본을 가지고 사경제 부문으로 뛰어들었다. 중국에서는 이런 현상을 '하해(下海)'라고 했다. 자본주의/시장 경제의 바다에 뛰어들었다는 뜻이다. 크고 작은 권력을 가진, 그리고 높고 낮은 지위의 공무원이나 당 간부들이 민간 부문의 사업가 또는 기업가가 되었다. 그들은 5층 삼촌 같은 사람들과 때로는 경쟁하고 때로는 협력하면서 이른바 시장 경제를 구성해 갔다. 당 간부 출신의 사업가를 '홍색 자본가'라고 불렀다. 중국 동포들 사이에도 홍색 자본가가 부지기수다. 연변뿐만 아니라 전체 중국 동포 사회는 점차 양극화가 되어 갔다.

어디로
가야 하오

3

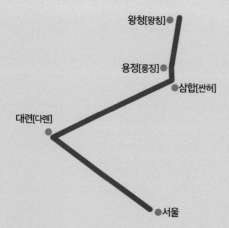

왕청[왕칭]●

용정[룽징]●

삼합[싼허]●

대련[다롄]●

●서울

무역 회사를 운영하며 승승장구하던 1996년, 5층 삼촌의 집에는 잘 차려입은 손님들이 자주 드나들었다. 당시만 해도 집에 초대하는 것이 손님에 대한 최고의 예우였다. 이 손님들 중에는 5층 삼촌과 말투가 비슷한 사람들이 많았다. 5층 삼촌은 이들 중 일부는 미국 사람이라고 했다. 미국 사람이라고 하면 보통은 머리나 눈동자 색깔이 달라야 했는데 민철의 눈에는 자기와 똑같은 사람이었다. 나중에 이들이 미국 동포라는 사실을 알았다. 중국에 사는 조선족, 일본에 사는 재일 조선인처럼 미국에도 그런 사람이 있다는 것을 알게 되었다.

실제로 1990년대 초반에 미국 동포 사업가가 연길에 연변과학기술대학교를 설립했고, 이후 이 모델은 평양에 수출되어 평양과학기술대학교로 이어진 바도 있다. 연변에서 미국 자본이 기독교 사상에 기반한 대학교를 설립할 수 있는 시대였다.

손님들 중에는 한국 사람도 있었다. 1992년에 한국과 중국이 수교한 이래 한국 사람들의 중국 진출이 활발해졌다. 연변은 백두산 관광을 비롯하여 독립운동 유적지가 많은, 한국 근현대사의 관광 1번지였다. 그 외에 선교 활동을 위해 방문하는 사람도 많았다. 경제 개혁을 추진하는 중국에서 같은 언어와 문화를 공유하는 중국 동포 사회가 한국인 선교 활동의 협력 지역이 되었던 것이다. 20세기 초, 간도 용정의 명동촌은 물론 서간도까지 조선인 기독교 신도가 많았다. 이러한 역사적기반 덕분에 비록 그동안 교류가 단절되었지만 명맥은 끊기지 않았다.

그런데 한국인 목사의 연변 지역 진출은 단순히 선교 목적만 있는것이 아니었다. 5층 삼촌과 이들의 관계는 그가 한창 신나게 북한 무역을 하던 때에 시작되었다. 1989년 가을, 계서에 사시던 5층 삼촌의 아버지가 먼 길을 마다하지 않고 아들 집을 찾아왔다. 기차와 버스를 갈아타고 이틀이 걸렸지만 농사로 단련된 몸이어서 그런지 피곤한 기색은 별로 없었다. 5층 삼촌은 아버지를 모시고 좋은 식당에 가서 식사도하고 백화점에 가서 옷과 신발도 골랐다. 고향에 계시는 어머니 몫도준비했다. 아버지는 짐이 너무 많으면 들고 갈 수 없다고 한사코 그만사라고 했지만.

아버지의 이번 용정행은 예상 밖의 일 때문이었다. 1988년 노태우 대통령의 특별 선언 이후 KBS라디오의 이산가족 상봉 방송에는 중국에 있는 친척을 찾는 사연이 더 많아졌다. 이 방송을 즐겨 듣던 5층 삼촌의 아버지는 얼떨결에 고향 영천의 친형으로 추정되는 사람의 사연을 접했다. 5층 삼촌의 아버지는 5형제 중 넷째인데, 11살이었던 1942년에 둘째 형과 함께 중국에 이주했다. 둘째 형은 만주에서 함께 살다가 연해주에 갔는데 이후에는 연락이 끊겼다. 고향에는 큰형, 셋째 형, 그리고 막냇동생이 남아 있었다. 방송된 사연 말미에 주소가 있어서 5층 삼촌의 아버지는 이 주소를 적어 가지고 용정에 왔던 것이다.

"이 주소로 편지 한 장 써 보내라. 혹시 니 그 큰아버지일 수 있어."

"예, 쓰는 것은 어렵지 않은데, 편지가 왔다 갔다 하는 것도 오래 걸린 텐데요."

"기다려 보지, 뭐. 계서의 집 주소보다는 너희 집 주소로 하는 게 좋겠다. 여기가 요즘 빨리 개방된다고 하는데, 소련이나 남쪽이나 교류가 빨라지지 않겠니? 연해주에 간 니 큰아부지는 몰라도 고향 사람들과는 연락이 닿을 수도 있겠지."

5층 삼촌은 아버지가 부르는 내용을 종이에 적었다. 아버지는 본인 이름, 부모님의 이름, 형제들의 이름을 먼저 불렀다. 고향집 구조, 동네 친구들 이름, 식당이나 상점 이름을 기억나는 대로 적었다. 만주로 출발할 때의 분위기, 그리고 만주에 살면서 고향에 편지를 썼던 기억들, 광복 이후의 상황 등도 포함되었다. 긴 글을 써 본 적도, 논리 정연한 말을 해 본 적도 없는 아버지였지만 자신의 이주사와 가족사에 대해서만큼은 시계열적으로 잘 기억하고 있었다.

"이 내용을 니가 잘 써서 편지를 보내 봐라."

"예, 걱정하지 마세요. 회신이 오면 가지고 가겠습니다."

◇◇◇◇◇◇◇◇◇◇◇◇◇◇◇◇

아버지는 귀향길에 올랐고 5층 삼촌은 국제 우편을 부쳤다. 당시까지만 해도 5층 삼촌은 한국의 친척들과 연락이 될 것 같지 않았고, 연락이 된다 해도 큰 기대를 하지 않았다. 왜냐하면 회령 무역이 너무 짭짤했기 때문이었다. 아무튼, 편지를 보내고 잊어 가던 6개월 뒤, 우편배달부가 테두리가 붉은색과 푸른색으로 된, 색동저고리 무늬의 흰 우편 봉투를 들고 왔다. 국제 우편은 받는 사람이 신분증을 보여주고 서명을 해야 했다. 전혀 예상치 못한, 아버지의 친형님이 보낸 편지였다. 편지를 들고 5층 삼촌은 바로 계서로 향했다. 아버지도 50년 가까이 연락이 두절된 형제를 만날 수도 있다는 기대감에 어쩔 바를 몰랐다. 10대에 헤어진 형제가 고희가 되어서야 다시 만나게 된 것이다.

편지에는 큰아버지의 신분을 증명하는 서류와 친형제임을 증명하는 서류도 있었다. 다행히 5층 삼촌의 아버지는 중국에 사는 동안 개명을 하지 않았기에 영천에서 살았을 때 호적의 이름과 동일했다. 이출한 5층 삼촌의 아버지와 큰아버지의 비고란에는 '현재 만주 거주'라는 한문이 적혀 있었다. 이 증빙을 중국의 신분증, 호구부와 대조하면 "경북 영천 출신 아무개가 1940년대에 만주에 이주했고 1990년 현재 흑룡강성 계서에서 생활하고 있음. 영천의 아무개와는 친형제 사이임." 이 증명되었다. 그 뒤 우편이 한 번 더 오간 뒤 5층 삼촌까지 초대받았다. 그렇게 해서 한국 땅을 밟은 게 1991년이었다.

한국과 중국이 수교하기 전이어서 양국 사이에는 직항 교통편이 없었다. 한국을 방문하려면 홍콩을 경유해야 했다. 한국에 친척 연고가 있는 중국 동포들은 대부분 중국의 가장 북부에 살았다. 이들은 최소 2박 3일 동안 기차를 타고 중국 최남단의 광저우에 도착한 후 버스로 선전으로 이동했다. 앞에서도 이야기했듯이 선전은 덩샤오핑이 개혁 개방 특구로 지정한 지역으로서 홍콩 바로 옆이다. 선전에서 짐을 재정비한 후 영국령 홍콩에 진입하면, 이제부터는 중국에서 한국으로 이동하는 것이 아니라 영국에서 한국으로 이동하는 것이 된다. 홍콩에서 비행기를 타면 김포공항에 도착했다.

5층 삼촌과 아버지가 한국에 갈 때는 마침 산둥과 인천 사이에 여객

선이 취항한 직후였다. 두 사람은 뱃멀미 약을 먹고 푹 잤다. 인천항에 도착한 후 바로 서울역까지 이동하여 경부선을 타고 대구까지 갔다. 고향의 가족들이 대부분 대구에 살았다. 큰아버지 일행도 자녀와 함께 왔다. 서먹함은 술 석 잔째부터 풀렸다.

이튿날 이들은 고향 영천으로 향했다. 5층 삼촌의 아버지는 이미 흔적 없이 사라진 건물터 앞에서 기억해 낼 수 있는 모든 것을 끄집어 내려고 했다. 외지에 갔을 뿐이었는데 고향에 돌아가기까지 반세기나 걸렸다. 연해주에 간 둘째 형의 빈자리가 크게 느껴졌다.

5층 삼촌은 처음 보는 한국의 친사촌들을 만났다. 서로 신기했다. 5층 삼촌은 자기가 하는 무역 이야기를 했고 대체로 잘 먹고 잘사는 사촌들의 이야기도 들었다. 다른 사람보다 교회 활동을 열심히 하는 친척 중 한 명이 5층 삼촌의 사업에 특별히 관심을 보였다. 북한 상황과 중국 현지 상황이 어떤지에 대해 많이 물었다. 5층 삼촌도 흔쾌히 가감 없이 답했다.

짧은 만남은 항상 진한 아쉬움을 남기기 마련이다. 돌아오는 길에 큰아버지네 일행은 서울역까지 배웅했다. 아, 맞다. 선물도 두 보따리 챙겨 주었다. 필통, 볼펜, 샤프, 지우개, 줄자 등 아이들이 좋아할 만한 문구, 어른들이 좋아할 만한 사무용품, 냉장고에 부착하는 귀여운 자석 병따개를 담았다. 민철이 선물도 챙겼다.

한국행 이후에도 5층 삼촌은 본업에 충실했다. 러시아 문이 열리면서 북한과 러시아를 번갈아 다니기 시작했다. 그러던 1994년, 김일성 주석이 사망하고 북한의 상황은 급격하게 악화되었다. 객관적으로 말하면 이미 1980년대부터 보였던 위기의 징후가 1990년대 중반에 리더십의 부재와 함께 증폭되었다고 말하는 것이 정확했다. 5층 삼촌의 사업은 새로운 국면을 맞았다. 경제적으로 어려운 북한 사람들이 밀물처럼 중국으로 향했기 때문이다.

　북한 사람들이 아주 많이 등장하자 한국과 미국 국적의 선교사들이 연달아 연변에 왔다. 5층 삼촌이 자기 집에 초대한 사람들이 바로 이들이다. 더 재미있는 것은 이들이 몇 년 전에 대구와 영천에서 만났던, 5층 삼촌에게 북한과 중국 상황을 자세히 물었던 그 신앙심 깊은 사촌 친척이 소개한 사람들이라는 것이었다!

　세상의 질서가 요동치는 것을 눈치챈 이들은 북한과 중국을 복음 전파의 새로운 지역으로 간주했다. 북한에 경제난이 발생하고 수많은 사람들이 중국으로 이동하자 이때다 싶어 본격적으로 연변에 진출한 것이다. 영천의 사촌이 연결고리가 되어 5층 삼촌은 한국과 미국, 더 정확하게 로스앤젤레스에서 온 선교사를 만났다. 이들은 '탈북자'를 만나고 싶어 했고, 북한 상황을 더 자세히 알고 싶어 했다. 북한 상황이야 뉴스에도 자주 등장해서 접하는 것이 어렵지 않았지만, 중국에 이주한 탈북자를 만나는 것은 쉬운 일이 아니었다. 선교사들은 북한 사람들을 '도와'주고, 그들이 원한다면 한국으로 입국시키고 싶었다.

북한과의 무역 정보와 인맥이 풍부한 5층 삼촌은 그들이 어느 경로로 국경을 넘는지 잘 알고 있었고 국경을 넘은 후에 어떻게 은신처를 찾는지, 먹고살기 위해 어떤 일을 하는지 등에 대해서도 너무 잘 알고 있었다. 하지만 5층 삼촌은 공식적인 회사를 운영하는 사람이었기에 엄격한 의미에서 북한 사람을 외국 선교사와 연결시켜 주는 일은 법적으로 상당한 위험이 따른다는 것을 잘 알고 있었다. 5층 삼촌은 그럼에도 불구하고 도울 수 있는 만큼 돕기로 했다. 다만 북한에서 건너온 사람을 선교사와 연결시켜 주는 일까지만 하고, 이후 그들이 어떻게 한국으로 가는가에 대해서는 선을 확실히 그었다. 선교사들은 거기까지만이라도 너무 고맙다고 했다.

"우리 지금 출발하는데, 어디로 가야 하오?"

연변에서 나이가 비슷한 사람끼리 사용하는 존댓말 말투다.

"시내 들어오기 전 10키로 정도 되면 전화 주오."

한국인 선교사와 미국 동포 선교사를 뒤에 태운 작은 봉고차 안에서 5층 삼촌은 지인과 통화했다.

"언제쯤 도착할 수 있어요?"

미국 동포 선교사가 물었다.

"안전이 제일이니 천천히 가면 1시간 정도면 충분합니다."

일행은 용정에서 출발해서 왕청[왕칭]으로 향했다. 연변의 다른 도시와 달리 북-중 국경 지역에서 직선거리로 약 40~50km 떨어진 곳이다. 왕청은 도시 주변에 산이 많고 산과 산 사이에 마을이 많다. 인적이 드물고 단속이 어려운 지형이어서 북한에서 월경한 사람들이 숨어 지내기 좋은 곳이다. 용정과 그리 멀지 않지만 대부분 산길이어서 운전에 각별히 신경 써야 했다.

"우리 한 9키로 남았소. 어디로 가야 하오?"

왕청에 거의 도착하자 5층 삼촌은 다시 전화했다.

"시내 들어오면 우의빈관[가명] 맞은편에서 다시 전화 주오."

"알았소."

봉고차는 왕청 시내에 들어가는 길목에 들어섰고, 기사는 5층 삼촌이 가리키는 방향으로 운전했다. 시내 가운데 우의빈관이 보였다.

"저 앞에 빈관이 보이지? 지금 가서 바로 세우지 말고, 오른쪽으로 가서 한 바퀴 천천히 돌고 다시 와서 맞은켠[맞은편]에 세워라."

기사는 지시대로 천천히 한 블록을 돌아온 다음 길 건너편에 정차했다.

"빈관 앞이오."

"당신 전화로 문자 하나 보낼게, 거기 번호로 다시 전화 주오."

전화기 저쪽에서 흘러나오는 남성의 목소리는 중저음이었다.

"야, 알았소."

5층 삼촌은 문자에 찍힌 번호로 전화를 다시 걸었다. 저쪽에서 바로 받았다.

"여기서부터는 이 번호로 통화하기오. 한 번 통화는 30초 넘기지 말고 혹시 세 번 울렸는데 내가 안 받으면 그냥 끄오. 1분 후에 다시 전화해서 내가 받으면 문제없고, 또 세 번 울렸는데 내가 안 받으면 그냥 돌아가오. 5분 있다가 이 번호로 다시 전화 주오. 내 장소를 알려 줄게."

"그러오, 알았소."

뒷좌석에 앉은 한국인과 미국 동포 선교사는 처음 겪는 상황이었다. 북한에서 건너온 사람을 만나는 것이 쉽지 않다는 것을 알았지만 이렇게 '007 작전'을 펼칠 줄은 생각지도 못했던 것이다. 5층 삼촌은 왜 이렇게 '비밀스럽게' 할 수밖에 없는지 두 사람에게 설명했다. 5분이 금방 지나갔다. 다시 전화를 걸었다.

"저네 지금 거기서 앞으로 400메다[미터] 정도 직진하면 길 왼쪽에 창성상점[가명]이 보일게오. 거기서 왼쪽으로 들어와서 한 100메다 가면 대중목욕탕[가명]이 있소. 거기 앞에서 시동 끄지 말고 정차하고 다시 전화 주오. 그리고 뒤에 누가 오는지 잘 확인하오."

5층 삼촌은 기사에게 그대로 전했다. 창성상점이 보였고, 이 상점을 끼고 왼쪽은 단층집 주택가였다. 좌회전해서 곧 목욕탕 앞에 도착했다.

"우리는 목욕탕 앞인데, 뒤에 따라오는 사람은 없소. 계속 확인했소."

"야, 거기서 다시 직진해서 첫 번째 골목에서 오른쪽으로 꺾소. 골목 끝까지 가면 큰길이 나오는데 큰길에서 다시 오른쪽, 한 50메다 가면 길흠상점[가명]이 보일게요. 거기서 정차하고 또 전화 주오."

5층 삼촌은 또 시키는 대로 기사에게 알려 줬다. 길에는 차는 물론 사람도 별로 없었다. 오히려 너무 조용해서 불안할 정도였다. 한국인과 미국 동포 선교사도 잔뜩 긴장하고 있었다.

"도착했소. 뒤에 아무도 없소."

"야, 거기서 한 번만 더 움직이기오. 직진하다가 왼쪽에 노란색 건물이 보일 게요. 거기서 왼쪽으로 들어간 다음에 한 100메다 정도 가면 만천다방[가명]이 보일 게요. 흰색 츠촨[타일]을 붙인 아파트 1층에 있소. 도착하면 전화 주오. 시동 끄고, 차 안에서 기다리오."

5층 삼촌 일행은 만천다방 앞에 도착했다. 지시대로 다시 전화를 걸었다.

"저네 총 4명이라고 했지? 지금 내려서 다방 안으로 들어오오. 조용히."

4명은 차에서 내려, 구슬을 꿴 줄을 줄줄이 커튼처럼 단 다방 출입문을 열고 안으로 들어갔다. 손님이라고 할 만한 사람은 한 명도 없고, 통로 좌우에는 칸막이와 커튼으로 가려진 최대 4인이 사용할 수 있는 의자와 테이블이 있었다.

"오느라고 고생했소!"

3번 칸의 커튼이 열리더니 한 남성이 등장했다. 주방 쪽에서 여성 한 명이 나왔다. 5층 삼촌과 통화를 한 사람과 동업자로 보였다. 무슨 사이인지는 굳이 물을 필요가 없었다.

"저기, 내가 소개할게, 내가 말한 한국과 미국 분이오."

"반갑습니다. 먼 길을 오시느라 고생이 많으셨습니다."

"저희가 영광입니다. 어려운 일을 도와주셔서 너무 감사합니다."

미국 동포 선교사가 먼저 인사하고, 한국인 선교사도 이어 인사를 건넸다.

"단속이 심합니다. 국경 지역에는 보는 눈이 많아서 북에서 온 사람들이 이쪽으로 많이 옵니다."

한국인 선교사는 연신 머리를 끄덕였다. 그러면서 "이쪽에 건너오신 분들이 많아요?"라고 물었다.

"정확하게 몇 명인지는 모릅니다. 그리고 모두 이쪽으로 오는 것도 아니에요. 혜산 쪽에서 장백(장백[창바이] 조선족 자치현)으로 넘어가는 사람은 여기까지 너무 멀어서 오히려 집안 방향으로 가기도 합니다."

"그쪽은 전혀 모르겠네요."

미국 동포 선교사가 말했다.

"다음에 시간이 되면 그쪽에도 가 봅시다. 내 친구가 있습니다."

5층 삼촌이 중간에서 곁들었다.

"아, 그러면 우리야 영광이지요."

"이 동네가 연변의 동북쪽에 위치했는데, 더 동북쪽으로 올라가면 흑룡강성으로 들어가고, 서북쪽으로 가면 연변과 길림시 경계인 돈화[둔화] 쪽으로도 갈 수 있어요. 그런 데다가 국경과 조금 거리도 있어서 여기 온 사람들이 다른 곳으로 이동하는 것도 경로가 다양합니다."

"혹시 그러면 그분들은 지금 어디 계십니까?"

한국인 선교사가 물었다.

"예, 숨을 돌리셨으니 저쪽으로 갑시다."

일행은 여성이 나온 주방 쪽으로 들어갔다. 안쪽에 있는 작은 비상문을 열고 들어가니 주택을 개조한 여관으로 이어졌다. 5층 삼촌도 처음 와 본 곳이었다. 아파트 1층의 베란다 쪽에 문을 트고 다방 간판을 걸었고, 반대편의 출입문에는 여관 간판을 걸고 운영하는 연결된 사업체였다. 여관방 문을 노크하고 조심스럽게 열었다. 성인 남성과 여성,

그리고 어린아이 한 명이 있었다. 식구가 몇 명인지 모르지만 '운 좋게' 세 명이 함께 이곳까지 왔다. 5층 삼촌은 한국인 선교사와 미국 동포 선교사에게 사인을 보냈고 두 사람은 조용히 방으로 들어갔다. 다른 사람들은 여관방 로비의 소파로 향했다.

"차 한 잔 마시오."

왕청의 남성이 5층 삼촌에게 찻잔을 건넸다. 평소에는 여유 있는 사람들이지만, 이런 일만큼은 긴장할 수밖에 없었다. 셋이 조용히 이야기를 나누면서 차를 마셨다. 한 40분쯤 뒤에 두 선교사가 방을 나왔다.

"이야기는 잘 되었습니까?"

"예, 생각보다 많이 열린 분들이네요. 남은 것은 우리가 생각해 볼게요."

"세 명 동시에 가능해요?"

"방법을 대 봐야죠. 가능하게 해야죠."

"예, 그러면 저는 다음부터는 빠지고, 여기 이 양반과 연락을 하세요. 친한 친구여서 걱정은 안 하셔도 될 겁니다."

5층 삼촌은 선교사에게 말했다. 그리고 왕청 남성한테 "한국에 우리 집안 사촌과 친한 분들이오. 다 좋은 일을 하는 거니까 잘 부탁하오."라고 말했다.

"그래오!"

왕청 남성도 별로 의심하지 않았다. 선교사와 왕청 남성은 다음 만남을 논의하고 전화번호를 교환했다.

"일단 오늘은 이 정도로 하고 두 분은 나와 함께 돌아갑시다. 여기서 밥 먹는 것도 좀 그러니까, 그냥 차로 이동하다가 중간에 식당이 나오면 거기서 간단하게 먹읍시다."

5층 삼촌이 말했다.

"여기서 오래 머무는 것은 좀 위험해서 이 친구랑 같이 먼저 뜨세요. 저쪽 방에 사람들은 내가 알아서 잘 데리고 있습니다. 아까 이야기한 것처럼 연락을 주고받읍시다."

왕청의 남성도 한마디 보탰다.

"예, 그러면 우리는 이만."

일행은 다시 다방으로 돌아와 거기서 인사를 나누고 헤어졌다. 5층 삼촌은 두 선교사에게 여관방에 있던 세 식구에 대해 묻지 않았다.

"참, 아까 혜산 쪽을 보고 싶다고 했죠? 장백에 가 볼 생각이 있어요?"

"너무 감사하죠. 그쪽에도 많이 넘어온다고 하던데, 어떤 분위기인지 한번 보고 싶어요."

장백 조선족 자치현은 연변과 인접한 곳으로 양강도 혜산을 마주보고 있는 도시다. 이 두 도시 사이를 흐르는 강을 국경으로 생각하지

않는다면 그저 큰 평지에 형성된 하나의 도시라고 생각해도 무방할 정
도로 가깝다.

"그런데, 여기서 체류할 수 있는 기간이 얼마 되지 않아서, 요 며칠
사이에 가야겠네요?"

"그래 주시면 너무 감사하겠습니다."

"소뿔도 단김에 빼라고, 내일 내가 시간을 비울 테니, 그냥 이 차로
갑시다."

5층 삼촌의 제안이었다.

◇◇◇◇◇◇◇◇◇◇◇◇◇◇◇◇◇◇

5층 삼촌이 사업하는 내내 그를 찾아오는 한국과 미국 선교사들이
끊기지 않았다. 일부는 사업을 제안하는 명분으로 찾아왔다.

"어디로 가야 하오?"

그들이 많이 한 말이다. 5층 삼촌이 연결시켜 준 북한 사람 중에는
성공적으로 한국에 도착한 사람도 있고 중간에 실패한 사람도 있다고
들었다. 북한 사람이 숨어 지내던 지역도 다양해지고 불미스러운 일들
이 증가하자 지역 당국의 단속도 따라서 강화되었다. 이로 인해 그들
과 접선하는 과정은 더욱 첩보전을 방불케 되어 갔다. 사업가의 입장

에서 전혀 돈이 안 되는 일인 것은 물론 법적, 정치적 위험까지 초래할
수 있는 일이었지만 열심히 도왔다. 대구에 사는 집안 사촌이 부탁한
일이 이 도움의 가장 큰 명분이었다.

따뜻한 겨울

4

용정[룽징]

블라디보스토크

삼합[싼허]

크라스키노

"슬라바, 오랜만이다!"

5층 삼촌이 덩치 큰 남성과 반갑게 인사했다.

"오랜만이기는 무슨. 여름에 만났잖아, 하하."

"여기는 벌써 이렇게 춥네. 올 때마다 느끼는 건데 확실히 날씨가 달라."

"야, 연변이랑 여기랑 별로 온도 차이가 안 난다."

"무슨 말이야. 벌써 입김이 뽀얗게 보이고, 손이 시린데. 우리 거긴 아직 이 정도는 아니야."

"그건 그렇고, 이 친구는 누구야?"

슬라바는 민철을 가리키며 물었다.

"아, 아래 집에 사는 조카다. 민철아, 인사해라. 블라디에 사는 슬라바 삼촌이다."

민철은 서툰 우리 말을 하는, 러시아 사람처럼 생기지 않은 러시아 삼촌한테 인사했다.

"이름이 민철이야? 나는 박 슬라바다."

"여기까지 오는 데 너무 멀다. 용정에서 장령자까지도 꽤 걸리는데, 크라스키노부터 블라디[블라디보스토크]까지 또 한참 걸린다."

5층 삼촌과 민철은 저녁 늦게 블라디보스토크에 도착했다. 그를 반갑게 맞이한 사람은 러시아 동포였다. 연해주 한인들이 중앙아시아에 강제 이주된 것은 잘 알려진 역사다. 슬라바는 이들과 달리 1980년대에 다른 곳에서 이주해 온 사람이었다.

"다음에는 물건을 블라디에서 크라스키노까지 가져다주면 좋겠다. 그러면 거기서 바로 가지고 훈춘에 들어갈 수 있는데. 한번 그렇게 해 볼까? 내가 보기에 전체 운비[운송비]가 더 절약될 것 같아. 포시예트도 그렇고, 저쪽에 나홋카도 그렇고 기차가 다니재."

5층 삼촌이 제안했다.

"그건 한번 생각해 보자. 일단 쉬고, 내일 물건 보러 가자. 다 준비해 놓았다."

연변은 가을이었지만 블라디보스토크는 초겨울이었다. 위도로는 크게 차이 나지 않았지만 바닷바람 때문에 체감 온도가 더 낮았다. 민철은 5층 삼촌 덕분에 블라디보스토크에 처음 왔다. 길거리의 이국적인 풍경, 항만 도시가 지닌 특별한 정취, 심심찮게 보이는 크고 작은 선박, 그리고 독특한 향신료와 조미료가 섞인 음식 맛이 인상적이었다. 식당은 대체적으로 해산물을 중심으로 판매했고 영화에서만 봤던, 러시아 사람들이 즐겨 먹는 소고기와 감자를 섞은 요리와 레바[빵]도 있었다. 사람들은 털털하고 친근했다.

저녁 먹기도 전에 해가 서쪽으로 기울었다. 5층 삼촌, 회사 직원, 민철 등 세 명은 길옆의 민박집에 들어갔다. 슬라바가 마련해 준 숙소였다. 슬라바는 블라디보스토크에서 해산물 무역 회사를 운영했다. 철도를 이용해 시베리아 지역에 해산물을 유통하다가, 중국 시장이 커지자 중국에 수출하기 시작했다. 한창 러시아 거래처를 찾던 5층 삼촌을 알게 되었고 두 사람은 공식 파트너십을 맺었다. 5층 삼촌이 처음에 북한에 다니면서 무역을 하다가 회사를 차렸다면, 슬라바는 북한과 러시아 사이에서 무역을 하다가 회사를 차린 사람이었다. 경력이 비슷하고 통역 없이 대화와 거래를 할 수 있다는 점에서 사업의 효율성이 높았다.

중국 정부가 1996년 이후부터 기업이 하는 국경 무역에 관세를 대폭 인하하면서 5층 삼촌의 무역 회사 같은 기업은 호황을 맞았다. 이미 1990년대 초에, 연길 서시장에서 소련 명태와 관련된 정보가 흘러 다

넜고 5층 삼촌은 마진이 꽤 짭짤한 사업이 될 것이라고 생각했다. 또한 현장에서 실제로 사업하다 보면 사업가들 사이의 정보 교류는 물론 사업에 관심 있는 정부 관계자와의 친분도 생기고 앞으로의 정책 변화에 대해서도 미리 알 수 있었다. 5층 삼촌은 이러한 추세를 믿고 회사를 설립했던 것이다.

이번 블라디보스토크행은 소련 명태를 수입하기 위해서였다. 연해주 남부의 작은 항구 도시인 포시예트, 자루비노, 나홋카 등에도 정박하지만 명태잡이 배들은 주로 블라디보스토크를 이용한다. 중국 동포들이 즐겨 먹는 데다가 다양한 요리 제품이 동북 지방에서 인기가 폭발하자 러시아 어부들도 명태잡이에 심혈을 기울였다. 명태는 잡은 후 바로 냉동을 한다. 연변 현지에서는 언명태라고 불렀다. 이렇게 하면 신선도를 유지한 채 중국까지 상하지 않게 수출할 수 있었다. 블라디보스토크에서 중-러 국경까지 거리가 꽤 되기에 운비가 많이 나왔다. 그래서 5층 삼촌은 러시아 쪽에서 크라스키노까지 가져다주면 자기가 바로 가져갈 수 있다고 했던 것이다.

◇◇◇◇◇◇◇◇◇◇◇◇◇◇◇◇◇

이튿날 오전, 일행은 숙소에서 조금 떨어져 있는 해안가의 큰 창고로 향했다. 중간 크기의 시멘트 포대만 한 언명태 덩이들이 집채만큼 싸여 있었다.

"다 신선한 것들이다. 여기서부터 저기까지다."

5층 삼촌이 수입할 양이었다. 삼촌은 가까이에 가서 얼음 사이로 나온 지느러미와 몸통을 슥슥 만져 보고 만족해했다.

"이번에 들어온 명태는 명란이 많다더라. 내가 친구들한테 맛보라고 줬는데, 배가 꽉 찬 애들이 많다고 했어."

"그래? 하긴 명태는 명란 없으면 창란도 먹으니. 대가리도 끓이면 시원하지, 무 좀 넣고."

"연변에서는 그거 또 짝태를 만든다면서?"

"응, 기후가 딱이다. 명태는 버리는 게 없다."

민철이도 옆에서 5층 삼촌이 하던 대로 명태 지느러미와 몸통을 만져 보았다. 수박이나 참외를 고를 때 습관적으로 두드려 보는 그런 의례인가? 만져 보면 맛있는 명태를 구분할 수 있나? 아무튼 일행은 쌓여 있는 언명태를 다 확인하고 점심 먹으러 갔다.

내일 아침 일찍 출발하면 저녁쯤에 크라스키노까지 도착한다. 거기서 하역하고 화물차로 이동하면 밤중에 훈춘 시내에 도착할 수 있다. 훈춘에서 잠을 자고 오전에 출발하면 점심쯤 용정에 도착한다.

수입 과정은 그렇게 어렵지 않았다. 국가 사이의 통관 절차가 많이 간편해졌고 결제도 과거보다 수월해진 덕분에 언명태는 산지의 상태 그대로 용정에 도착할 수 있었다.

"여기 번호표대로 기다리세요. 다 있습니다."

아침부터 5층 삼촌네 회사에는 사람들이 북적였다. 회사 직원이 도착한 사람의 순서에 따라 번호표를 나누어 주었다. 수입 규모는 수요를 일정하게 반영한 뒤 결정한 것이기에 특별히 사람들이 많이 모이지 않는 이상 물건이 없어 빈손으로 돌아가는 사람은 없었다. 냉동 창고에 누워 있는 언명태는 자신을 찾으러 온 주인을 맞느라 정신이 없을 것 같았다. 거의 대다수가 소매상이었다. 소매상은 사람은 많지만 1인당 구입하는 명태는 많지 않다. 많이 구입하는 사람들은 소매상에서 시작했거나 처음부터 가공업을 시작한 가공업자다. 이들은 도시 근교나 시골에 사는 사람들로서 계절을 맞아 임시 부업으로 명태 가공업에 종사했다. 아파트에 거주하든 단층집에 거주하든 상관없다. 언명태를 사 가지고 집에 가서 온 식구가 함께 손질했다.

민철이네 아파트 2층에도 그런 집이 있다. 아주머니는 1995년에 국유 기업 개혁 당시 실업을 했고, 남편은 간당간당하게 회사에 남았다. 새로운 일자리를 알아봤지만 40세 전후의 여성을 취직시킬 회사는 없었다. 아주머니는 5층 삼촌으로부터 같은 아파트 주민 '할인'을 받아 언명태를 샀다. 손질 과정은 또 동네 구경거리다.

공용 베란다에는 사람이 지나갈 만한 통로만 빼고 언명태가 싸여 있었다.

"이 다라[대야]에다가 물 담고, 저 빈 다라에는 명태를 담고 헹구면서 녹여라."

아주머니는 시누이와 여동생을 불렀다. 남편들은 출근하고 없었다. 시누이는 언명태를 헹구면서 녹이는 작업, 아주머니는 녹은 명태를 손질하는 작업, 그리고 여동생은 손질한 명태를 다시 헹구는 작업을 맡았다.

"명란이 많이 나오네!"

시누이가 감탄했다.

"안 그래도 명란이 많다고 했다. 저녁에는 알이랑 고지랑 넣어서 명태국을 먹자. 니들 둘도 남편한테 전화해라. 저녁에 애들 데리고 여기 오라고 해라."

손이 시리고 힘든 일이었지만 아주머니는 즐겁고 신났다. 중국 동포 어머니들은 그 누구보다 가정을 위해 헌신했다. 국가의 경제 자유화 정책으로 20년 가까이 다녔던 직장에서 해고되었지만, 부당함을 호소하기보다는 새로운 기회를 찾느라 바빴다. 이 연령대 어머니들은 성장하는 자녀와 병원 방문이 잦아진 양가 부모를 봉양해야 하는 며느리로서 책임을 져야 하는 이중 굴레 속에 있었다. 쥐꼬리만 한 월급이라도 받아오는 남편은 직장에 붙어 있는 것만으로 자랑이었다. 중국의 경제 개혁은 수많은 어머니들을 대책 없이 사회의 비공식 부문으로 밀어내면서 가정 내 성별 분업을 보수적으로 변화시켰다.

"얼마 안 남았다. 쉬지 말고 다 하고 쉬자. 그리고 너 마지막에 헹구는 거 정말 잘 헹궈야 한다. 물을 아끼지 말고."

아주머니는 동생에게 강조했다. 내장을 꺼낸 명태를 살점과 뼈가 붙은 상태에서 깨끗한 물로 헹구고 한쪽에 모아 뒀다. 어선부터 유통 과정까지 몸통에 이물질이 많이 붙었기에 명태를 씻다 보면 물이 금세 더러워진다. 대야의 물을 교체하는 작업이 매우 중요했다. 이렇게 여러 번 반복해서 씻다 보면 깨끗한 젖은 명태가 완성된다.

김장 담그는 자세로 명태를 손질했으니 무릎이며 골반이며 허리가 쑤시는 것은 당연했다. 세 여성은 선후로 "아이고, 다 됐다."를 외쳤다. 잠시 사과배(연변의 특산품 과일)를 먹고 방 안을 걸어 다니면서 골관절을 폈다. 이제 남은 작업은 명태를 걸어 놓을 줄을 설치하는 작업이다. 방 하나를 정한 후 짐을 빼고 가로세로, 그리고 위아래로 끊어지지 않을 정도의 줄을 빨랫줄처럼 설치한다. 이 줄에 명태를 걸어 놓는다. 가운데는 나무 막대로 줄을 받혀 놓았다.

"여기 끈을 잘라서 명태 두 마리씩 주둥아리를 연결하자. 그리고 줄에다가 걸어 놓으면 된다."

한 명은 끈을 두 뼘 길이로 자르고, 한 명이 명태를 건네고, 남은 한 명은 끈을 주둥아리로 넣어서 아가미로 꺼낸 후 다른 명태도 똑같이 연결해서 끈을 묶었다. 빨랫줄에 명태가 걸리기 시작했다.

"너무 빼곡하게 하지 말고, 살짝 바람이 통하게 걸어 두라."

아주머니는 여러 번 해 본 솜씨였다. 연변에서는 초겨울부터 날씨가 추워지기에 명태가 상하지 않게 천천히 얼말리는 데 안성맞춤이다. 일부 가정집은 실내 난방이 되는 방에서 생활하고, 난방이 직접 연결되지 않은 방에 명태를 말렸다. 찬 바람이 들어와 통풍도 잘 되고 비린내도 제거할 수 있었다. 이렇게 말린 명태는 겨울을 지나 이듬해 봄이 되면 마른명태, 즉 황태가 된다. 시장에서 마른명태를 다루는 사람한테 팔면 꽤 짭짤한 수입을 올릴 수 있었다.

이후 도시 근교나 시골에 땅을 사서 톤 단위로 언명태를 구입한 후 마른명태를 생산하는 사업가들도 등장했다. 빨랫줄 같은 구조로는 어림도 없었다. 이들은 너른 마당에 낮게는 2~3미터, 높게는 6~7미터의 나무 구조물을 만들어 명태를 말렸다. 손질하는 방법과 말리는 방법은 크게 달라지지 않았지만 시장의 수요에 따라 일부는 몸통만 있는 명태, 등뼈를 기준으로 반으로 자른 명태 등 다양했다. 또한, 명태에 소금을 뿌려 얼말리면 짝태가 된다. 간이 배 있는 완전히 마르지 않은 명태인데 안주로 인기 상품이었다. 함경북도 지역에서도 짝태가 생산되는

데, 그곳보다 조금 더 추운 곳에서도 묘하게 맛이 다른 짝태가 생산되었다. 중국 동포들 중 아예 명태 가공업을 주업으로 하는 회사를 차리는 일이 많아지면서 5층 삼촌의 소련 명태 수입 규모도 날로 증가했다.

◇◇◇◇◇◇◇◇◇◇◇◇◇◇

그해 12월, 슬라바가 연변에 왔다.

"야, 무슨 겨울이 이렇게 따뜻하니? 영하 15도 맞니? 호~~, 입김도 너무 연하다야!"

"아니 무슨, 지난번에는 연변과 블라디가 별로 차이 안 난다메?"

"내가 언제? 너도 봤잖니, 우리 거긴 입김도 완전 발전소 연기다, 연기!"

"하하, 왜 여기는 막 진달래 필 것같이 따스하다 그 말이야?"

"이거 뭐, 아이스크림이 다 녹아 못 먹겠네!"

"그건 탕후루다!"

"내가 그걸 모르겠니? 니 똑똑한지 떠보느라고 그런 거지."

유머와 허풍이라고 하면 5층 삼촌도 한가락 하는데 극동 러시아에서 온 슬라바도 만만치 않았다. 추운 동네에 사는 중년의 남성들은 대개 그렇다는 게 5층 삼촌의 이론이다. 민철이도 나중에 40대가 되면 자연스럽게 그리될 것이라고 했다.

"그리고 민철이라고 했나? 너는 왜 항상 보이니?"

"슬라바 삼촌이 온다고 해서 일부러 5층 삼촌 회사에 나왔어요."

서로 반갑게 인사를 나누고 본론으로 들어갔다. 슬라바는 기쁜 기색이 역력했고, 이미 전화로 이야기를 들은 터라 5층 삼촌도 기분이 좋아 보였다.

"니 저번에 블라디에 와서 제안한 것 있잖니. 내가 거기 운수업 하는 양반 하나 찾았다. 러시아 사람인데 내가 아는 사람의 친구다. 블라디에서 물건을 크라스키노까지 운송하는 사업을 해 주겠다고 했어."

"그래그래. 잘 됐다. 운비는 얼마 정도 된다니?"

"니가 왔다 갔다 하는 것의 1/5 정도 될 게다. 그런데 장기적으로 하려면 겨울에는 조금 더 달라고 할 수 있어."

"그 정도면 엄청 좋지. 그런데 그런 양반은 어떻게 찾았니?"

"아버지가 러시아, 아니 소련 해군 출신이라던가? 대대로 바다를 끼고 살던 사람인데 철도 쪽도 꽉 잡고 있다고 하더라. 나도 만나 봤는데 사업은 같이 할 만하다."

"그래도 딱 마침 빨리 찾았구나."

"그러게, 마침 기회가 맞아떨어졌다. 명태나 이런 걸 러시아에서 한국에 수출할 준비도 하고 있었는데 한국이 외환 위기를 맞아서 중국

쪽으로 사람들이 많이 기울었다."

"맞다. 우리 쪽에도 지금 마른명태가 한국에 잘 안 나간다. 대신에 저쪽에 심양, 대련이나 안쪽에 천진, 북경 쪽으로 돌리고 있다. 한국 사람들이 지금 중국에 막 들어오고 있다. 그래서 그쪽으로 수요가 또 크다."

"아, 그러냐? 92년도에 수교하고 한국 사람들이 중국에 많이 갔다고 하던데 진짜네?"

"그래서 지금 명태 수요가 커지는데, 북조선에서는 지금 명태가 거의 못 들어온다. 거기 고난의 행군(1996년~99년 사이 북한에서 일어난 식량 위기를 이르는 말)이라서 사람들이 살겠다고 막 건너오는 판에 명태는 무슨. 그래서 우리 쪽에도 소련 명태 수요가 더 커졌다."

"결국은 내가 나서서 동해 바다 명태를 싹쓸이하라는 말이지? 걱정 말라!"

"또 시작이다. 그나저나 한국이 빨리 회복되어야 하는데."

"금방 될 게다. 저번에 TV 보니 사람들이 자기 금가락지랑 금목걸이를 가져다가 나라를 구한다고 하던데, 우리네 러시아나 너네 중국이나 그런 게 가능하니?"

"야야, 말도 말라. 그건 그렇고, 연길에 대우호텔이 금방 섰는데 그 큰 기업이 파산한다는 게 믿기지 않는다."

"대우호텔? 내일 가서 좀 구경시켜 달라. 나도 좀 연길 구경하자. 훈춘에서 그냥 여기까지 직통으로 왔다."

두 사람은 옳거니 말거니 이야기를 주고받았다. 서로 사업적 조력자이자 협력자인 중국 사람과 러시아 사람은 너무 편한 우리말로 남한과 북한의 상황을 이야기하고 사업 방향을 논의했다. 안줏거리에 불과했던 명태의 유통 경로가 동북아시아 정세 변동의 영향을 이 정도로 크게 받을 줄은 몰랐다.

이튿날, 5층 삼촌은 슬라바를 데리고 대우호텔에 갔다. 기분파인 그는 슬라바가 러시아에서 큰 사업 건을 가지고 온 것에 보답하기 위해 연변에서의 남은 2박은 이 호텔에 투숙하도록 본인이 계산했다. 동북지방 첫 번째 유럽식 호텔답게 화려했다. 호텔 로비에서 두 사람은 담소를 이어 갔다. 5층 삼촌은 새로운 사업 아이템으로 한국 제품을 중국에 수입할 준비를 하고 있었다. 그러면서 슬라바한테 연해주에서도 한국 제품을 수입해 보라고 했다. 비록 이미 시작한 사람도 있지만, 슬라바의 인맥이면 지금 같은 분위기에서는 크게 한 건을 할 수 있다고 바람을 넣었다.

"나는 둘, 둘, 둘이요."

가까이에 온 종업원한테 5층 삼촌이 이야기했다.

"지금 뭐라는 기야?" 슬라바가 물었다.

"에휴, 애가 명태만 알았지, 커피는 젬베기[젬병]구나."

"야, 우리두 먹는다, 너네처럼 이상하게 먹지 않는다 뿐이지."

슬라바가 블라디보스토크로 돌아간 후, 얼마 지나지 않아 5층 삼촌은 러시아어에 능통한 직원을 채용했다. 본인이 직접 러시아어 교육이 잘 되어 있는 훈춘에 가서 면접을 봤다.

배 타고
기차 타고

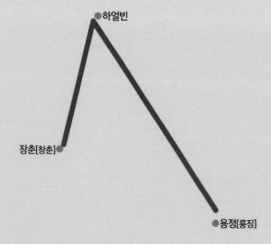

●하얼빈

장춘[창춘]●

●용정[룽징]

5층 삼촌의 사업은 꾸준히 성장했다. 회사는 연길로 옮겼고 다루는 물품은 더 많아졌으며 직원도 연달아 채용했다. 5층 삼촌은 한국 무역을 하며 그동안 쌓은 인맥을 총동원했다. 연변 밖에서의 시장 개척은 하얼빈에서 시작되었다.

　5층 삼촌은 흑룡강성 출신이어서 고향 친구나 지인들 중에 하얼빈에 사는 사람들이 적지 않았다. 하얼빈에 거주하는 중국 동포들은 주로 구도심인 다오리구에 집중되어 산다. 1900년대 초, 백계 러시아인과 유대인이 건설한 키타이스카야, 현재 중국어로 중앙다제가 위치한 하얼빈의 가장 번화가다. 게다가 개혁 개방 이후 흑룡강성의 다양한 지역에 거주하던 중국 동포들도 너 나 할 것 없이 이곳 및 바로 옆의 다

오와이구에 모였다.

5층 삼촌의 이번 출장 목적은 수입한 한국 상품을 하얼빈에서 어떻게 유통시킬지에 대해 논의하기 위해서였다. 러시아, 동유럽 문화의 영향을 크게 받은 하얼빈은 매우 개방적인 도시였다. 외국 제품에 대한 거부감이 거의 없는 하얼빈 사람들의 열린 마인드와 우호적으로 변화한 한중 관계가 맞물리면서 한국 제품 인기가 급격하게 상승했다. 또한 중국에서 한류 열풍이 불던 시절이기도 했다.

"옷이나 신발은 우리 회사 한국 파트너가 한국에서 직접 보냅니다."

논의 테이블에 앉은 5층 삼촌이 하얼빈의 중국 동포 사업가들에게 건넨 말이다.

"전화에서 그렇게 말씀을 하셨죠. 인천에서 출발하는 거죠?"

하얼빈 사람이 물었다.

"예, 인천항에서 배로 출항합니다. 물건이 적으면 비행기도 가능한데, 이게 부피도 있고 양도 많아서 배로 해요."

"그러면 중국에 오면 어디에 도착해요? 대련[다롄]인가요, 단동[단둥]인가요?"

"나는 대련으로 입항하게 하려구요."

"대련에서 그러면 바로 기차로 하얼빈까지?"

"예, 그렇게 해야 운비가 절약됩니다. 우리 회사는 연길에 있는데,

군이 연길에 가져갈 필요가 없어요."

"그렇겠네요. 그러면 대련에서 하역하고 그다음에는 기차로 움직이려구요?"

"대련에 다른 파트너가 있는데, 이분이 화물 창고를 가지고 있습니다. 대련항에서 물건을 일단 창고에 넣었다가 기차에 태워서 출발하는 일까지 그 친구가 하게 됩니다."

"그러면 한국에서 출발해서 하얼빈까지 도착하면 대략 며칠 정도 걸릴까요?"

"열흘에서 2주 정도 생각하시면 될 겁니다."

하얼빈의 사업가들은 5층 삼촌의 운송 계획을 이해했다는 표정을 지었다. 물건이 단동에 도착할 수도 있지만, 단동에서 하얼빈까지의 직행 화물차는 그렇게 많지 않았다. 대련-하얼빈 노선은 19세기 말~20세기 초에 제정 러시아가 부설한 T자 모양 중동철도(동청철도)의 한 구간이다. 하얼빈에서 동남쪽으로 가면 러시아와 접한 국경 도시인 수분하에 도착하고, 서북쪽으로 올라가면 역시 러시아와 접한 만주리에 도착한다. 러일 전쟁 이후 일본이 장악하고 남만주철도주식회사가 관리하면서 이른바 만철 노선으로 불렸다. 현재 이 철도는 동북 지방의 가장 중요한 간선 철도로서 인프라가 매우 잘 되어 있다.

"옷이나 신발은 날씨 영향을 받지 않아서 좋아요."

"맞아요. 포장만 잘하면 뭐."

"한국 사장이 옷을 만들기도 하고 포장까지 다 신경 써서 보낸다고 하니 걱정을 안 해도 될 겁니다."

"사업체는 어디에 있어요?"

"동대문에 있어요. 우리 유통 문제가 해결되고 매장이 결정되면 내가 다시 한번 가려고 합니다."

"아, 동대문. 해림[하이린]에 살던 사람이 한국에 일하러 갔는데, 동대문에 가 보니 옷이나 신발이 엄청 많다고 하던데, 거기인가 보네요."

"맞을 거예요. 거기 주변에 그런 산업이 많다고 했어요."

"온주 사람들이 북경에서 절강촌을 형성했는데 거기서 옷을 엄청 만들고 있어요. 그 사람들이 만든 가죽 잠바를 하얼빈 사람들이 많이 입었는데, 그 온주 사람들이 한국산 캐시미어를 수입해다가 겨울옷을 만들었어요. 그게 하얼빈에서도 많이 팔려서 한국 원단에 대해 사람들이 호평을 합니다."

한 테이블에 둘러앉은 다섯 명은 이야기가 잘 되었다. 아직 본격적인 사업을 시작하지는 않았지만 서로는 크게 성공할 것 같은 느낌을 공유하고 있었다.

"그리고 소비자를 누구를 타깃으로 할지에 대해서도 더 자세하게 이야기해 주시오."

하얼빈 사업가가 5층 삼촌에게 말했다.

"아, 맞아요. 그게 중요해요. 지금 내 생각은 일단은 여성 소비자가 중요합니다. 그렇다고 남성을 배제하는 것은 아니에요. 처음 시작은 여성과 남성이 8:2 정도예요."

"나도 그게 합리적인 것 같습니다."

"예, 나도요."

옆에 있던 하얼빈 사업가들은 이구동성으로 호응했다. 현재도 그렇지만 중국 내에서 신발이나 의류의 주요 소비자는 여성이다. 정확한 조사 자료에 근거한 것은 아니지만, 당시 이 사업가들은 여름 티의 경우 남성과 여성의 보유 비율을 1:2에서 1:3정도로 보고 있었다. 즉 하얼빈에서 남성 1명이 여름 티 1벌 살 때 여성은 2~3벌 산다는 것이다. 상의뿐만 아니라 하의도 마찬가지다. 또한 남성과 달리 여성은 원피스, 드레스, 치마 등이 있고 바지도 통이나 기장에 따라 다양하다. 성별에 따른 이러한 문화적 차이를 사업가들은 나름 정확하게 꿰뚫고 있었다.

"그리고 요즘 한국 가수나 드라마 너무 인기가 많아서, 내가 보기에 잘 팔릴 것 같아요."

"맞네, 그 드라마 제목이 뭐였지? 엄청 인기 있던 드라마."

"「가을동화」?"

"맞아, 맞아. 그리고 「겨울연가」. 내가 이거 다 비디오방에서 VCD(동

영상이 담긴 컴팩트 디스크)를 빌려서 봤소. 하하!"

"거기 나오는 사람들이 입는 옷 스타일을 잘 골라서 우리 여기 날씨에 맞는 옷을 들여오면 잘 팔릴 것 같습니다."

하얼빈 사업가가 이야기했다. 하얼빈은 여름이 짧고 봄, 가을, 겨울이 길어서 기후에 맞게 의류를 선정할 필요가 있다는 이야기였다.

"그러면, 하얼빈에서 유통과 판매는 어떻게 하실 계획입니까?"

5층 삼촌이 물었다.

"예, 그것도 말씀드린 것처럼 물건이 하얼빈역에 도착하면 이분이 그걸 자기 공장 창고에 가져다가 보관할 거예요. 국유 기업에서 일하다가 지금은 기업 사장인데 예전처럼 제조업 쪽은 하지 않고 유통을 주로 하고 있습니다."

한 사람이 옆 사람을 가리키며 말했다. 국유 기업을 개혁할 때 매물로 나온 기업을 이 사람이 인수했다고 했다. 그는 큰 공장 건물이 그대로 있고, 필요한 인력만 남겨 두었다고 했다. 한국에서 들여온 의류를 크게 기대했다.

"그리고 하얼빈 시내에서 유통, 백화점 입주 이런 부분은 내가 합니다."

처음부터 말을 가장 많이 한, 하얼빈 사업가 일행의 좌장으로 보이는 사람이 말했다. 그는 자신이 예전에 국영 백화점의 관리 부서에서

근무했다고 소개했다. 현재 다양한 상품을 시중의 크고 작은 유통업체에 공급하고 있었다. 다른 두 사람은 이 사람의 조수였다. 모두 개인 매장과 관련된 일을 하고 있고 인맥이 넓었다. 당시 중국은 주상 복합 건물들이 대규모로 건설되고 특정 거리를 상업 구역으로 지정하여 소비를 촉진하던 시기였기에, 건물 1층에는 다양한 자기 고용 업체[자영업]들이 생겨났다. 의류 판매 업체가 요식업 다음으로 많았다.

이들은 가장 중요한 이윤 배분, 즉 돈과 관련된 논의로 넘어갔다. 5층 삼촌의 입장에서 하얼빈 쪽은 유통부터 판매까지 확실해서 이들이 일정하게 사업에 성공하면 자신을 배제하고 한국의 제조업체와 직접 거래할 수도 있겠다는 생각을 했다. 하얼빈에서의 사업이 차질 없이 될 것이라는 자신감과 함께 이런 걱정도 함께 생겼던 것이다. 5층 삼촌은 연길로 돌아간 후 이런 문제가 생기지 않게 논의 내용을 계약서 초안으로 작성했다. 하얼빈의 사업가들과 몇 번 대화를 주고받은 후 최종안에 합의했다. 서로에게는 꽤 괜찮은 합작이었다.

◇◇◇◇◇◇◇◇◇◇◇◇◇◇◇◇

5층 삼촌은 한국으로부터 수입에 본격 착수했다. 대련항에 회사 직원을 파견하여 상황을 확인하게 했고 다른 한 명은 하얼빈에 보냈다.

사업은 차질 없이 추진되어 서로에게 이득이 돌아갔다. 수입 사업이 한창일 때, 하얼빈의 파트너로부터 연락이 왔다.

"장춘[창춘]에 있는 지인이 자기도 한국 의류를 수입하고 싶다고 합니다."

"그래요? 그분들은 무슨 사업을 하는 분이에요?"

"장춘에 지금 충칭루가 상업 구역으로 막 뜨고 있고 구이린루가 한국 거리로 불린다고 합니다. 거기서 사업을 했던 사람인데 나와 잘 아는 사이입니다. 우리가 한국 의류와 신발을 수입한다는 걸 알고 자기도 수입하고 싶은데 업체를 잘 알지 못한다고 해서요. 아무래도 한국 기업이 연변에 먼저 진출하고 연변에서도 한국 사업을 먼저 했으니 장춘에서는 한국과 직접 인맥이 없는 것 같습니다."

예상 밖의 제안을 받은 것이었다. 하얼빈 사업가는 말을 이어갔다.

"그래서 내가 보기에 화물이 대련에서 하얼빈까지 올 때 중간에 장춘도 지나가니까, 한꺼번에 수입을 많이 해서 중간에 장춘에서 수하하고 하얼빈까지 보내는 게 어떨지 생각했습니다."

물론 수입과 유통이 그렇게 착착 되는 것이 아니지만 어차피 하얼빈까지 가야 하는 의류와 신발을 장춘에서 일부 내리는 것도 나쁜 아이디어는 아니었다. 5층 삼촌은 너무 좋은 제안이라고 했고 하얼빈 사업가한테 함께 장춘에서 미팅을 하는 것이 어떻겠냐고 제안했다. 하얼빈 사업가도 흔쾌히 대답했다. 며칠 뒤 5층 삼촌은 비서와 함께 장춘으로 향했다. 그곳에서도 사업 파트너로 나온 사람은 중국 동포 사업가들이었다. 하얼빈 사업가가 말한 그대로 이들 역시 성장하는 장춘의 내수 시장에 힘입어 한국 의류와 신발을 수입하고 싶어 했던 것이다. 5층 삼촌은 이미 하얼빈에서의 사업 모델이 있었기에 장춘의 상황을 빠르게 요해[이해]할 수 있었다. 장춘의 사업가들이 비록 현재 다른 상품을 다루고 있었지만 유통이나 무역업에는 베테랑들이었다. 첫 만남이었지만 주고받은 이야기는 매우 고무적이었다. 이번에도 5층 삼촌이 계약서 초안을 마련하여 최종안을 함께 도출하기로 했다.

"절강성이나 강소성, 복건성, 광동성 쪽에서 의류가 엄청 많이 생산되고, 거기서 만들어진 의류가 이미 중국의 중저가 시장은 물론 고가 시장도 다 잡고 있다고 볼 수 있습니다. 그런데 요즘 젊은 도시 사람들과 중산층은 좀 소비가 다른 것 같습니다. 한국 의류와 신발은 디자인도 중요하지만 한국에서 만들었다는 자체가 중요합니다. 상표에 Made in Korea가 찍혀 있는 것이 의미 있는 부분입니다. 직수입한 제품이니까요."

장춘 사업가의 말이다.

그렇다. 2000년대 중국 도시에서 주로 소비하는 사람들은 젊은 세대와 중산층이었다. 지속적인 경제 성장에 편승하여 성공한 사람들이 많아졌다. 수입 상품에 대한 선호는 이들이 만들어 낸 하나의 소비문화였다. 일행이 사업 이야기를 나누던 중, 한 사람이 이런 말을 했다.

"대련에 물건이 도착해서 하얼빈 가고, 그 전에 장춘에도 내려 주고, 이제 남은 건 심양[선양]과 대련이네요. 옷이 배 타고, 기차 타고, 바다 건너 동대문이구먼, 하하!"

동북의 4대 대도시를 경유하는 철도 무역 루트에서 대련과 심양까지 사업 파트너가 생긴다면 전체 수입 규모는 최소 4배에 달하는 사업이 될 터였다. 5층 삼촌은 이 기발한 사업이 구미가 당겼다. 하지만 그는 이미 염두에 두고 있다는 듯이 반응했다.

"대련은 우리 회사가 지사를 하나 설립하거나, 현지 사업체와 합작해서 거기서도 사업을 할 계획입니다. 물건이 도착하는데 거기서 바로 기차에 실려 가니 뭔가 좀 아까운 것 같은 느낌이 처음부터 들었습니다. 심양도 생각 중인데 아직 어디에서, 누구와 사업을 할 것인지는 결정하지 못했고, 계획 중입니다."

이 말을 들은 장춘의 사업가는 얼른 관심을 보이면서 물었다.

"혹시 심양 쪽 생각이 있으면 나와 또 함께해 볼까요? 내가 심양에서 스포츠용품을 장춘으로 수입하는데 거기서 사업하는 아는 분이 있어요."

"스포츠용품요?"

"예, 그 아디다스, 나이키, 엄브로, 카파 뭐 이런 브랜드를 그 친구가 다 하고 있어요. 축구, 농구, 배구 유니폼에다가, 운동화 이런 걸 다 해요. 심양이 중국에서 이런 산업이 제일 큰 거 아시죠? 거기 우아이시장에 가면 정말 없는 게 없어요."

"예, 거긴 저도 가 봤습니다. 그런데 그분은 잘 아는 사이이고 믿음이 가는 분입니까?"

5층 삼촌이 관심을 가지고 물었다.

"나와 오랫동안 협업을 했어요. 잘 아는 사람이고 사업이 정확해요. 우리 회사가 다루는 옷이 다 거기서 온 거라니까요."

5층 삼촌은 또 하나의 사업을 잡을 것 같았다. 서울의 동대문에서 수입한 한국 의류를 북부 중국의 의류 산업 메카인 심양에 팔 것을 생각하니 사업을 하기도 전부터 흐뭇해졌다.

"좋습니다. 일단 우리 장춘 사업 계약서를 체결하고, 심양에 한번 같이 가 봅시다. 심양에는 내가 다른 일 때문에 다녔는데 거기 좀 가 볼 만한 곳이 어디 있습니까?"

"아, 요즘 서탑[시타]이 엄청 뜨고 있습니다."

"서탑이요?"

5층 삼촌은 오래전에 가 본 서탑이 다시 등장할 줄은 생각지도 못했다. 장춘의 중국 동포들이 장춘역 근처의 구도심과 남쪽의 신도시에 살았다면, 심양의 중국 동포들은 서탑 지역에 주로 살았다. 연길에 돌아온 후 일주일 정도의 추가 협상을 거쳐 장춘 사업가들과 계약을 체결했다. 서명하고 도장 찍은 계약서 원본 1부를 우편과 팩스로 각각 보낸 그날 저녁, 그는 심양행 기차에 올랐다. 사업이 심양까지 확장되면 기차로 불과 몇 시간밖에 걸리지 않는 북경과 천진으로의 진출도 가능해진다.

또 다른
세계

b

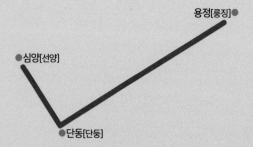

용정[룽징]●

●심양[선양]

●단동[단둥]

1930년대의 심양 지도를 보면 서탑 입구에 위치한 큰 건물 이름이 '조선요리'로 표기되어 있다. 이곳에는 조선인들이 일찍부터 거주했고, 만철의 조선인 직원 숙소도 근처에 있었다. 1949년 중국이 건국된 이후 이곳은 중국 동포인 조선족의 거주 지역이 되었다. 이후 한국 사람들이 진출하면서 불야성을 이루었고 북한 식당까지 들어서면서 매우 이색적인 거리 풍경이 연출되었다.

역사의 우연일까? 2000년대 중반, 서탑 입구의 건물도 북한과 남한의 식당이 함께 운영 중이었다. 심양 사람들은 이곳을 한국성, 즉 '코리아타운'으로 불렀고 서탑은 지역을 대표하는 상업 지역이자 관광 명소가 되었다. 5층 삼촌이 만나기로 한 사업가도 이 지역에 살았다. 평안도 말투의 중국 동포 사업가가 반갑게 맞이했다.

"먼 길 오시느라 고생이 많으셨습니다."

"영광입니다. 서탑이 많이 달라졌네요!"

"예, 몇 년 사이에 많이 변했습니다. 심양에는 자주 오십니까?"

"오랜만에 왔습니다. 여기 장춘의 김 사장님이 사업 제안을 해 주셨어요."

5층 삼촌은 장춘 일행을 가리키면서 말했다.

"아, 예, 어쨌든 잘 오셨습니다. 보셨다시피 지금 심양에 한국 사람들이 많이 들어오고 한국 제품들이 많아집니다. 요즘 한류 이야기도 많이 나오고 해서 거두절미하고 여기서 사업을 함께 하고 싶어서 김 사장님께 말씀드렸습니다."

심양의 양 사장은 고향이 단동이라고 자신을 소개했다. 7살 때 부모 따라 심양에 이사 와서 서탑에서 쭉 살았다. 지금도 단동의 친척 집에 놀러 다닌다고 했다. 요녕성의 중국 동포들은 대개 한반도의 서북부, 가깝게는 평안도와 자강도, 멀리는 황해도나 평양 출신들이다.

"양 사장님은 운동복이나 스포츠용품 쪽으로 사업을 크게 하신다고 들었습니다."

5층 삼촌이 말을 이었다.

"예, 제가 예전에 북조선 사람들과 사업을 했는데, 물론 지금도 하고 있습니다. 그러다가 지금은 이 사업까지 하게 되었습니다."

"그래요? 저도 80~90년대에 북에 다니면서 무역을 했습니다. 저는 주로 해산물, 건어물을 했습니다. 그러다가 러시아까지 확장했고요."

"아하, 연변 쪽은 외국과 가까워서 무역도 크게 할 수 있네요. 우리는 북조선하고, 그리고 북경이나 대련과 가까워서 거기랑 주로 합니다."

"이것도 인연인데, 반갑네요!"

두 사람은 모두 국제 무역으로 시작해서 성공한 사람들이었다. 이 동질감 덕분에 대화도 잘 이어졌다. 심양에서의 사업도 하얼빈이나 장춘과 별반 차이가 없었다. 이미 이 두 곳에서의 사업 경험이 있었기에 5층 삼촌은 거의 똑같은 내용의 계약 조건을 제안했고, 심양의 양 사장도 좋다고 답했다. 장춘의 김 사장으로부터 이미 사업 설명을 대략적으로 들은 덕분에 두 사람 사이의 이야기는 그리 길지 않았다.

그들은 식사 장소로 이동했다. 무역하는 사람들끼리 모인 식사 자리는 아무래도 사람, 돈, 상품의 이동과 관련된 주제일 수밖에 없다. 5층 삼촌은 양 사장의 사업, 단동, 그리고 북한에 관심이 컸다.

"제가 처음에는 여행사를 했습니다. 지금도 여행사를 하나 가지고 있는데 제 아내가 운영합니다. 중국 관광객들을 데리고 북조선에 가는 상품을 판매하고 있습니다. 그리고 국내 관광으로 여기 단동에 와서 관광하는 상품도 있습니다.”

“아! 여행사! 그러면 단동으로 나가서 신의주로 해서 가겠네요? 가장 멀리 어디까지 갑니까?”

“제가 운영하는 상품은 4개인데, 가장 큰 상품은 4박 5일짜리입니다. 단동에서 버스로 신의주에 건너가고, 거기에서 북에서 마련한 차로 갈아타고 천천히 돌아다니면서 둘러봅니다. 그리고 기차로 가는 것도 있는데, 중국에서 기차로 신의주에 간 다음 또 거기서 북의 기차를 타고 평양까지 갑니다.”

“그거참, 신기하네요. 그러면 평양이 마지막 목적지인가요?”

“아니요, 판문점까지 갑니다.”

“오호, 그거 나도 한번 가고 싶네요!”

“중간에 묘향산도 가고, 개성도 들르고, 그리고 고구려 유적지 여러 곳을 갑니다. 물론 평양에서도 이것저것 둘러보죠.”

“그러면 지금도 관광하려는 사람이 많습니까?”

“예, 지금은 육로로 가는 상품과 북경과 심양 공항에서 비행기로 직접 가는 노선도 있습니다.”

“확실히 이쪽은 교류가 우리 쪽이랑 다르네요!”

“혹시 단동에는 가 보셨습니까?” 양 사장이 물었다.

“거기는 못 가 봤습니다.”

"요즘 한국인들이 많이 진출해서, 대북 사업도 하고 중국에 투자도 하고 뜨는 곳입니다."

5층 삼촌은 급 관심이 생겼다. 불과 연변과 직선거리로 500~600km 밖에 떨어지지 않은 가까운 곳이지만, 무역이나 인적 교류의 측면에서 너무 신선했던 것이다. 특히 북한과 무역하는 사람이라면 한 번 이상은 들어 봤을 법한 단동, 예전부터 가 보고 싶었지만 기회가 없었던 터라 더욱 관심이 갔다. 이번에 심양에 온 김에 단동까지 한번 둘러보고 싶은 마음이 갑자기 생겼다. 게다가 한국인들이 대거 진출하여 변화시킨 서탑을 보고 나니 한국인들이 진출한 단동의 모습도 보고 싶었다. 단동은 북한 사람들도 많이 진출한 곳이어서 기존에 그곳에 살고 있던 중국 동포에 더해 남북한 사람들이 함께 살아가는 모습도 궁금했다.

"아, 그래요? 단동에서 그러면 어떤 사업이 지금 많이 뜨나요? 한번 가 보고 싶네요!"

"제가 운동복 사업을 하게 된 것도 단동과 관련이 있습니다. 북조선에서도 이런 운동복을 만들어 중국에 수출하는 거 아시죠?"

"예, 그게 연변 쪽에도 좀 있습니다. 그런데 그걸 북에서 만든 것이라고 아는 사람은 별로 없습니다."

"맞아요. 그걸 중국에서 가져다가 스포츠 브랜드 상표를 부착하는데, 제가 그걸 심양에 가져다가 여기저기 풀어 놓습니다. 절강성이나 광동성 쪽에도 의류 봉제 산업이 엄청 큰데 거기서 여기 동북까지 오는 것과 가까운 북조선에서 바로 오는 것을 비교하면 비용 차이가 꽤 큽니다."

"아하, 그렇게 하셨네요! 그러면 판로는 좀 괜찮습니까?"

"예, 가격도 싸고 뭐 품질은 이 정도면 나쁘지 않고, 운동복이라는 게 소모품 같아서 한 2~3년 입으면 버리게 되죠. 그런 시장을 타깃으로 합니다."

"그런데, 북에서 생산되는 옷들이 여기 수요를 다 충족시킬 만큼 그렇게 대량입니까?"

"아, 일부를 거기서 조달하고, 일부는 또 다른 곳에서 해결해야 합니다, 하하."

5층 삼촌은 이야기를 하다가 자기가 입고 있는 나이키 운동복도 혹시 북한에서 만든 것이 아닐까 양 사장한테 물었다. 양 사장은 육안으로는 감별이 안 된다고 했다. 이런 사업을 듣고 나니 5층 삼촌은 더욱 단동에 가 보고 싶었다. 내일이라도 바로 단동행 기차표나 버스표를 사러 가겠다고 했다. 양 사장은 장춘의 김 사장에게 내일 일정을 물어봤다. 다행히 김 사장도 다른 일이 없다고 하자 그 자리에서 회사 직원한테 전화를 걸어 내일 회사 차로 단동에 갈 준비를 하라고 했다.

"오늘은 편하게 식사하시고, 내일 괜찮으시면 단동에서 하루 자는 일정이 어떻겠습니까? 점심에 여기서 출발하면 저녁 정도에 단동에 도착하는데, 우리 회사 거래처이자 단동에서 회사를 차린 한국 사장도 함께 만납시다."

양 사장이 제안했다. 5층 삼촌은 잽싸게 테이블 위 유리판을 돌려 반대쪽의 전복 요리가 양 사장 앞에 놓이게 했다.

"오늘 다른 사람은 전복에 손을 대면 안 됩니다, 하하!"

식사 자리는 웃음이 끊기지 않았다.

◇◇◇◇◇◇◇◇◇◇◇◇◇◇◇◇◇

이튿날, 일행은 7인승 차량에 탑승했다. 가는 데 시간이 좀 걸리니 피곤하면 눈을 붙이라고 양 사장이 안내했다. 저녁이 다 되어서 차는 압록강 단교가 한눈에 보이는 강변로의 식당에 도착했다. 식당 안의 큰 방에 들어서자 양 사장이 말한 한국인 사업가 3명이 기다리고 있었다.

"어서 오세요!"

"하하, 자주 볼수록 반갑네요! 여기는 연변에서 오신 박 사장님, 여기는 장춘의 김 사장님입니다. 두 분 인사하세요. 제가 어제 말한 한국에서 오신 분들입니다."

양 사장이 중간에서 소개도 하고 인사도 권하며 바쁘게 움직였다.

"시장하실 텐데, 어서 앉으시고, 식사부터 합시다."

일행이 들어간 식당은 중식, 북한식, 남한식이 묘하게 섞여 있는 식당이었다. 서너 번 건배하고, 유리판도 몇 바퀴 돌고 나니 어색한 분위기는 다 사라지고 서로에 대해 궁금한 것들을 질문하면 답해 주는 단계에 들어갔다. 5층 삼촌은 궁금한 것이 너무 많았고, 양 사장이 주로 이 궁금증을 풀어 주었다.

함께 모인 한국인 사업가들 중 첫 번째 사람은 백 씨로, 단동에서 알루미늄 제품을 만드는 중소기업을 운영했다. 전라남도 광주 출신인 백 씨는 화성에서 작은 공장을 운영하다가 IMF 때 사업을 접고 중국에 진출할 결심을 했다고 했다. 경제적인 문제가 어느 정도 해결되고 공장 설립과 관련된 공부를 한 뒤 자신이 한국에서 하던 사업을 거의 그대로 중국에 옮겼다. 청도[칭다오]에 투자할까 생각도 했는데, 당시 청도에는 자신과 같은 중소기업이 많이 진출한 상태였기에 단동을 선택했다. 그가 생산한 제품은 식당이나 주방에서 사용하는 알루미늄 식기들이다. 이 제품들은 현지에서 판매되기도 하고 중국 동포 사업가들에 의해 북한에 수출되기도 했다.

두 번째 사람은 천 씨, 경기도 수원 사람이다. 한국 슈퍼를 운영했다. 한국인들이 증가하면서 집거지가 형성된 데다 한국 식당도 증가하자 식자재를 공급하는 사업을 했다. 영등포 지역에서 물류 사업을 하다가 2000년대 초반 지인과 함께 단동에 이주했다. 천 사장은 유난히 심양의 양 사장 일행을 반겼다. 그는 자기가 영등포 일대에서 사업할 때 가까운 대림동이나 구로동 일대에서 한국에 일하러 온 중국 동포들을 자주 만났다고 했다. 한국에서의 이러한 '인연'이 중국까지 이어지고 있다고 했다. 천 사장은 한국 슈퍼를 시작할 때 현지 중국 동포의 도움을 많이 받았다. 그는 현재 중국 동포 직원을 고용하여 단동항으로 들어오는 한국 상품의 운송을 맡겼다. 5층 삼촌은 자기가 하는 사업과 매우 비슷하다고 하면서 많은 대화를 나누었다.

세 번째 사람은 경상남도 마산 사람, 남 씨다. 부산에서 일본과 의류 무역을 하다가 중국 시장이 커지자 이쪽으로 이주했다. 그가 한국에서 사업할 때 일본 파트너로 재일 교포들이 적지 않았다. 남 사장의 사업은 오사카를 중심으로 한 간사이 지역에 집중되었다. 이후 중국 위해[웨이하이]에 진출한 지인으로부터 소개를 받아 단동으로 옮겼다. 남 사장은 단동에서도 의류 무역을 했다. 한국과 일본 사이 의류 사업을 그대로 옮겼는데, 양 사장이 북한에서 운동복을 중국에 수입하여 상표를 부착하면 그중 일부를 한국에 수출했고, 한국에서 이 옷들이 잘 팔리지 않으면 중국에 다시 수입하여 똑같은 방식으로 중국의 상인들에게 다시 도매로 넘겼다.

5층 삼촌은 영천의 친가에 대해 이야기했고, 동대문에서 수입한 의류를 어떻게 중국에서 팔게 되었는지, 그러다가 양 사장까지 알게 되고 또 오늘 세 사람을 만나게 된 일련의 과정을 이야기했다. 정말 신기하게도 그 자리에 있던 중국 동포 세 명과 한국인 세 명은 누가 뭐라고 하지도 않았는데 서로의 접점이 나올 때까지 학연, 지연, 혈연, 심지어 사업의 경력, 친구 등을 모두 털어놓았다. 그러다가 "아! 그 사람, 내 친구의 형과 가까워요!", "아! 그래 맞아요! 거기 나도 가 봤어요. 그 옆에 큰 건물 하나 있죠!", "아! 그거 나도 먹어 봤어요. 거기서 제일 유명한 요리라고 하던데!"를 연신 외쳤다.

이렇게 '필요 이상'의 접점들이 많아지자 마음이 놓이기 시작했고 여섯 명 아저씨들은 나이에 따라 호형호제하는 사이가 되었다. 5층 삼촌은 이들과의 대화 속에서 청도, 위해 같은 지역에도 한국인들이 많이 진출했다는 사실을 알게 되었다. 천 사장은 중국에 있는 코리아타운에 자신의 사업을 확장하고 싶은데 인맥이 없다고 했다.

"지금 중국에 한국인들이 많이 왔어. 우리 여기, 심양, 그리고 대련에도 있지, 북경에는 왕징이 한창이야. 한국인 주재원과 가족들이 많아져서 거기 집값을 다 올려놓았어. 북경에 또 우다오커우라고 있는데 거기는 대학가야. 한국 유학생들이 많이 모여 살아. 천진[톈진]에도 있기는 한데 북경만큼 많지는 않아."

5층 삼촌보다 한 살 많은 남 사장은 말을 놓았다.

"그래요? 다음에 북경 쪽에도 한번 가 봐야겠어요."

"그리고 제일 압권은 청도지. 거기 청양구는 거진 다 한국 사람하고 중국 동포라고 보면 돼! 내 친구들도 거기서 사업하는 애들이 있어."

"청도에는 내 친구도 있어. 거기서 배드민턴, 테니스 라켓 만드는 애하고, 액세서리 만드는 애들, 그리고 김치공장 하는 애들도 있어."

청도 소리가 나오자 백 사장이 신나서 끼어들었다.

"그런데 있잖아, 거기서 언제까지 그렇게 할 수 있을지는 몰라! 한국인들끼리 경쟁이 붙었어."

"사업체들이 많이 들어왔나요?"

5층 삼촌은 질문을 이어 갔다.

"그럼, 사실 몇 년 전이 피크였을 수도 있어. 일단 중국 시장이 크니까 매출이 나쁘지는 않아. 뭐 사업이 잘 안되면 접고 다른 걸 하든가, 베트남으로 가면 돼."

백 사장의 말이었다. 제조업에 종사하는 사람의 시야는 달랐다. 당시에 이미 베트남을 염두에 두었으니 말이다. 5층 삼촌은 제조업 분야는 잘 몰라서 듣기만 했다. 한국의 대기업은 물론 중소기업이 대규모로 중국에 진출했다는 사실을 알고는 있었지만, 관련자들을 직접 만난 것은 이번이 처음이었다. 2000년대 초반, 북경의 택시가 거의 전부 현대자동차에서 만든 차였고, 삼성 애니콜이 전 중국을 휩쓸었으며, 한국의 인터넷에도 익히 알려진 '대륙의 PC방'에는 전부 삼성과 LG 모니터가 놓여 있었다. 그만큼 한국 제품이 중국에서 불티나게 팔렸다. 이러한 고부가 가치 제품뿐만 아니라 중소기업의 상품까지 중국에 수출되거나 중국에서 아예 생산된다는 것은 무역만 한 사람의 입장에서 완전히 다른 세계였다.

남 사장이 말한 북경의 왕징은 새로 개발된, 북경 구도심과 조금 떨어진 외곽 지역이었다. 이곳에 유수의 중국 및 외국 대기업이 진출하면서 신산업과 거주를 겸한 신도시가 되었던 것이다. 마침 한국인들이 북경에 진출하던 시기와 맞물렸고 신도시의 가치를 너무 잘 아는 한국인들은 너 나 할 것 없이 이곳에 둥지를 틀었다. 우다오커우는 베이징대학교, 칭화대학교, 베이징어언대학교 등의 명문대가 밀집한 대표적인 대학가다. 한국인 유학생이 증가하자 우다우커우 전철역을 중심으로 이들을 상대로 한 민박, 식당, 카페, 노래방, 미용실 등의 서비스업이 성장했다.

청도의 청양구는 한국인 사업가들을 유치하기 위한 다양한 정책을 펼치기도 했다. 신도시로 건설한 지역은 거의 전부 한국어와 중국어를 같이 쓴 간판을 사용하여 중국어를 잘 못해도 생활에 큰 지장이 없었다. 중국 동포들까지 그 지역으로 이주하자 지역 경관은 한국인들에게 아주 익숙하게 변했다. 연길, 북경 등 지역과 마찬가지로 이곳에도 국제 학교가 설립되어 한국인 학부모의 자녀 교육 걱정을 덜어 주었다.

"그리고 요즘은 상해[상하이] 민항구가 또 엄청 뜨고 있어. 조만간에 거기도 공식적으로 코리아타운이 될 것 같아."

양 사장도 한마디 보탰다. 의류 원단 보러 상해에 갔다가 거기서 감자탕을 먹었다고 했다.

5층 삼촌은 기뻤다. 함께한 사람들이 좋았던 것은 물론 그들로부터 잘 모르던 것을 들었기 때문이다. 한마디로 즐겁게 배웠다. 본인이 북한, 러시아, 한국, 동북 내륙 지역에서 사업하고 있을 때 동북의 서남부, 중국의 연해 지역, 한국, 그리고 북한 사이에는 전혀 다른 양상의 경제 관계가 형성되었던 것이다.

장벽을
넘으니

사람이
연결되다

7

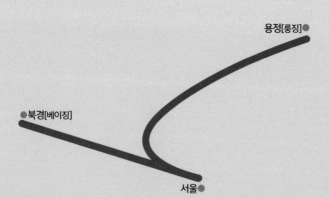

용정[룽징]●

●북경[베이징]

서울●

"일 년 만에 보니 더 멋있어졌네!"

5층 삼촌은 민철의 어깨를 툭 치며 말했다.

"삼촌은 점점 더 젊어지네요."

"젊어지긴, 속에 부품은 하나둘씩 고장 나고 있어."

거래처를 만나러 한국에 온 5층 삼촌과 마침 서울에 출장 온 민철이가 만났다. 민철이는 상해에서 회사에 다니고 있었다.

"오늘은 제가 살게요. 드시고 싶은 거 말씀하세요."

"하하, 그래? 민철이 밥 산다는데, 그러면 한우 먹으러 가야지."

5층 삼촌의 회사가 제법 큰 무역 회사로 성장할 때 민철이도 성장하고 있었다. 대학교를 졸업한 후 상해의 회사에 취직하여 이제는 중견

엔지니어가 되었다. 컴퓨터 공학을 전공한 민철은 회사 개발 부서에서 일했다. 새로운 분야를 확장해야 한다는 회사의 방침으로 민철은 한국과 일본 파트를 맡게 되었다. 이번 출장은 한국 기업과 중국 투자에 관한 회의를 하고, 서울에서 3일 체류하고 바로 도쿄로 가야 했다.

5층 삼촌은 동대문의 협력 업체 사장을 만나 추진하고 있는 사업을 확인하러 왔다. 그 사이 5층 삼촌은 서울의 영등포구, 구로구, 금천구 일대 등 중국 동포가 모여 사는 지역 식당들에 식자재를 공급하는 사업까지 확대했다. 일부 식자재는 중국에서 수입하는 것이 아니라 한국에 공장을 설립하여 직접 생산했다. 마라탕이나 훠궈에 들어가는 건두부, 완자, 당면 등이 그렇다. 몇 년 전에 단동에서 만난 천 사장에게 이 아이디어를 얻었다. 그 사장은 코리아타운의 한국 식당에 한국으로부터 식자재, 주류, 과자 등을 수입해 납품하는 일을 하다가 점차 일부 식자재는 중국 현지에서 생산해서 납품한다고 알려 주었던 것이다.

"삼촌은 사업이 크게 성공해서 좋으시겠어요."

"매일이 전쟁이야."

"그런데 한국 쪽 사업은 어떻게 시작하게 되었어요?"

"내가 한국에 많이 다녔잖아. 그런데 너도 알다시피, 내 고향 계서, 그 주변 동네에 살던 사람들이 한국에 이미 오래전부터 왔어. 처음에 온 사람들 대부분이 한국에 친척이 있는 사람들이야. 그러다가 꼭 친척이 없어도 여기에 일하러 올 수 있게 됐어. 그러다 연변 사람들이 왔지. 내가 한국에 거의 해마다 오는데 올 때마다 여기에 조선족들이 많아지는 게 눈에 보였어!"

"그러면 2000년대부터 이미 알고 계셨던 거예요?"

"그럼! 그런데 당시에는 나도 의류나 다른 사업에 집중하고 북한과 러시아 사업도 계속하고 있어서 이쪽에는 크게 신경을 못 썼지. 그러다가 회사를 좀 키우고 투자를 해서 이쪽 사업을 시작했어."

"여기 사는 조선족들은 어떻게 오게 된 거예요?"

민철이가 물었다.

"모든 사람들이 왜 왔는지는 모르지만, 내가 아는 사람들을 보면 대개 1990년대부터 먹고사는 게 힘들어진 사람들이야."

"어떻게 그렇게 되었어요?"

"중국 정부가 추진한 농촌 개혁이라는 게 농산물 가격을 낮게 책정해서 도시 사람들이 잘살게 하는 전략이었거든. 우리 고향촌에 보면 농가에 식구는 많은데 농사를 지을 만한 땅이 있는 것도 아니잖아. 그러다 보니 농촌 사람들이 사는 게 어려워졌어. 내 고향 계서에서는 경상북도에서 온 사람들이 먼저 한국에 왔어. 심양 쪽 조선족들은 연변과 비슷한 시기에 한국에 왔지."

"개혁 개방 정책으로 또 그런 일이 있었네요. 그런데 후에 연변에서는 도시에 사는 사람도 막 한국에 갔는데요?"

"거기는 또 국유 기업 개혁을 한다고 해서 그런 것 같아. 내가 딱 용정에 이사를 간 이후에 몇 년이 지나 출국 바람이 막 불었어."

5층 삼촌이 말하는 국유 기업 개혁은 1990년대 초중반에 시범적으로 시작되어 중반 이후부터 본격화된 개혁이다. 쉽게 말하면 계획 경제 시대에 국가가 소유 및 경영했던 기업을 개인한테 넘기는 과정이었다.

"네가 회사 사장이 되면 가장 먼저 뭘 하겠니? 직원부터 해고야. 뭐, 그럴듯한 표현이 구조 조정이지. 예전에 사회주의 시절에는 국가가 모든 사람에게 책임을 진다는 도덕성이 있어서 기업의 이윤보다 인민들을 완전 고용을 하려고 했던 거야. 그런데 그렇게 하니 전체적인 문제가 또 생긴 거지. 개발이 늦어지는 등 말이야. 개혁 개방이 결국에는 경제 개혁인데, 경제 개혁이 뭐야? 자본주의를 해도 된다는 말이잖아? 개인이 사장이 되더니 직원들을 자르기 시작해. 그때 여성들이 거의 다 해고됐어. 그 사람들이 여기 와서 식당 일하고, 보모 하고, 그렇게 된 거지."

◇◇◇◇◇◇◇◇◇◇◇◇◇◇◇◇

서울 지하철 2호선과 7호선이 교차하는 곳에 대림동이 있다. 1960년대 초중반, 한국 정부는 수출 산업을 육성하기 위해 서울의 남서부 지역에 공업 단지를 건설했다. 이 공업 단지는 모두 3개였으며, 당시에는 구로 공단이라고 불렸다. 현재는 서울디지털산업단지, G밸리 등으로 불린다. 한국 정부가 구로 공단 1단지를 건설한 이유는 재일 교포 자본을 유치하여 경제 발전에 이바지하려는 것이었다. 물론 재일 교포의 투자가 적지 않았지만 기대했던 규모에 미치지는 못했고, 이후 2단지와 3단지에는 국내 기업의 입주를 늘렸다. 서울에 대규모의 산업 공단이 건설되자 지방, 특히 농촌의 노동력들이 이 지역으로 이주하기 시작했다. 한국 사회의 큰 변동이라고 부를 수 있는 국내 인구 이동이 바로 1960년대 중후반부터 본격화되었던 것이다. 당시 이런 현상을 '이촌향도'라고 부르기도 했다.

구로 공단 1, 2, 3단지의 사이와 인근에는 이내 지방에서 상경한 노동력의 거주 지역이 형성되었다. 그중 대표적인 곳이 지금의 구로동, 독산동, 대림동, 가리봉동 등이다. 이후 1980년대 중반부터 서울의 외연이 확대되고, 도심형 공업 단지의 기능이 변화하면서 입주했던 공장들은 경기도를 비롯한 다른 지역으로 옮겨갔다. 또 일부는 중국 등 외국으로 이주했다. 이로 인해 지역에 거주하던 노동자들과 지역 주민 수도 감소하기 시작했다.

이때가 마침 중국이 개혁 개방을 시작한 첫 10년이었다. 한국과 중국의 교류가 활발해지게 된 결정적 계기였던 한중 수교는 1992년이었다. 5층 삼촌처럼 중국의 사경제 영역에서 경제적으로 성공한 사람이 출현한 시기이기도 했다. 이들과 대조적으로 급격한 경제 질서의 변화에 잘 적응하지 못한 사람들은 새로운 기회를 찾아 나서야 했다.

1980년대~1990년대는 한국의 노동 시장이 여러 갈래로 나뉜 시기이기도 했다. 결정적으로 생산직에 종사할 인력이 부족해지기 시작했다. 중소기업들은 외국에서 일손을 도입할 것을 요구했고, 정부도 이에 발맞춰 여러 가지 제도를 고안했다. 또한 앞에서도 언급했듯이 1988년의 대통령 특별 선언이 담은 탈냉전의 흐름과 함께 한국의 노동 시장에 중국 동포가 등장한 것이다.

민철은 여전히 의문이 풀리지 않았다.

"그런데 이렇게 많은 사람들이 오게 된 것도 참 신기해요. 그리고 여기서 일하는 사람만 있는 게 아니라, 사업해서 성공한 사람도 있고, 뭔가 기술을 배워 큰 사업을 일군 사람도 있고, 또 요즘 보니 전문직으로 진출도 많이 하던데요? 제가 만나게 될 여기 회사 사람들 중에 조선족 엔지니어와 변호사도 있어요."

"맞아, 많이 바뀌었고, 변화했어. 처음에는 다들 힘들었을 거야. 우리 고향에서 온 친구 한 명은 여기서 양꼬치를 일찍 시작해서, 엄청 성공했어!"

"그래요? 어떻게요?"

"저번에 내가 온다고 전화했는데, 가게 일 때문에 바쁘다고 만날 수 없다는 거야! 왕년에 내가 날아다닐 때 서리 맞은 배추처럼 매가리[기운] 없고 비실비실하던 안 데, 마이 컸더라구, 하하."

5층 삼촌은 친구 자랑을 늘어놓기 시작했다. 흑룡강성 해림에서 초등학교 교사를 했던 친구였다. 여느 시골 학교처럼 이 친구의 학교도 학생이 부족해서 문을 닫았다. 마침 그때 둘째 아이가 태어났다. 생활이 어려워질 것이 예견되자 이 친구는 먼저 한국에 일하러 가야겠다고 가족을 떠났고, 한국에서 막노동을 하면서 지냈다. 일당을 뛰고 귀가하는 길에 한 지인으로부터 독산동에서 중국 동포 한 분이 급하게 자기가 갓 시작한 양꼬치 가게를 청산해야 한다는 소식을 접했다. 관심이 생겨 가 보았다. 가게는 테이블 5개에 불과했지만, 시작한 지 얼마 되지 않아 내부는 새 가게나 다름없었다. 도전해 본다는 마음으로, 권리금까지 합쳐 선금 500만 원을 먼저 주고 가게를 인수했다. 그게 2006년이었다.

그런데 2007년에 중국 및 구소련/독립국가연합 지역 동포들을 국내 노동 시장에 취업할 수 있게 하는 방문 취업 제도가 시행되면서 이후 해마다 십수만 명 이상의 중국 동포(이후에는 고려인 동포까지)들이 들어온 것이다. 이 사람들이 한국에 와서 찾은 곳이 바로 내국인 이주 노동자가 살다가 다른 곳으로 감으로써 비어 있던 지금의 독산동, 구로동, 대림동, 가리봉동 일대다.

"그 친구 그래서 대박 났어! 인생이 풀리려고 하니 그렇게 잘 풀릴 줄이야. 고생 끝에 낙이 온다고 아니 글쎄 가게를 딱 시작했는데 시장이 갑자기 커질 것을 누가 알았겠어."

5층 삼촌의 친구는 2007년에 평수가 큰 건물을 찾아 대림2동으로 가게를 옮겼다. 양꼬치를 즐겨 먹는 한국 사람이 거의 없을 때, 이 사람이 대림동에서 양꼬치로 대박 난 초창기 그룹의 한 명이었다. 양꼬치 가게가 성업을 이루자 길 건너편에 훠궈 가게를 또 냈다. 상호가 다르고 요리가 달라도 식재료가 거의 같아 기술적으로 힘들지 않았다.

"아니 그런데, 한국에서는 양고기를 그렇게 많이 안 먹는데, 양고기는 어디서 조달했대요?"

"나도 그게 궁금했어. 그런데 나같이 무역하는 사람이 또 그런 것은 잘 캐고 다니잖아! 처음에 그 친구 말로는 충청도나 강원도에 양 농가가 좀 있었대. 거기서 양고기를 가져왔는데, 이게 먹는 사람들이 마구 늘어나니까, 그것만 가지고 안 되는 거야. 그래서 저기 이태원에 아랍 사람들이 양고기 먹는 식당들이 있는데, 거기 가서 알아봤대. 호주에서 들여온다는 거야. 그런데 그 친구 말이 진짠지는 모르겠지만, 같은 양을 이슬람 율법에 따라 도축하면 할랄이고, 그냥 잡으면 우리가 먹는 거래. 뭐 그게 무슨 상관이야. 그래서 수입산을 쓰기로 했다는 거야.

호주나 뉴질랜드에서 오는 양고기라고 하더라고."

대림동에서 양꼬치와 훠궈로 성공한 5층 삼촌의 친구는 2013년 마포, 2014년 잠실에 각각 분점을 세웠다. 이 두 분점도 역시 대박 났다. 흥미로운 것은 비슷한 시기에 양꼬치 창업을 했던 사람들이 거의 전부 사업을 확장했다는 점이다. 대부분이 가리봉동이나 대림동에서 시작해서 서울의 여러 지역으로 확대했다. 사업 수완이 좋아 바로 한국 사람들의 입맛에 맞게 개량하여 대중화에 성공한 것은 물론 일부 지역의 사업체는 고급화까지 성공했다. 양꼬치의 성공은 훠궈, 마라탕, 마라샹궈, 꿔바오로우 등의 인기 메뉴의 성공으로 이어졌다. 이러한 분위기를 알아차린 중국 국내의 대형 요식업체들도 한국에 투자하여 사업체를 세웠다. 오늘날 길거리에서 쉽게 볼 수 있는, 전통 중화요리 이외의 한국식 중국요리들은 바로 1990년대에 한국에 온 중국 동포가 2000년대에 한국화해서 널리 퍼뜨린 결과물이었다.

"여기 온 사람들이 소비하고, 사업체도 내고 하니까 나도 이쪽으로 사업을 확장한 거잖아."

"그러면 서울에만 살아요, 이 사람들이?"

"서울에는 주로 구로 공단과 가까운 동네에 많이 살고, 수도권 지역에도 적지 않아. 지방에도 많이 살고 있는 것 같아."

"이렇게 깊게 요해를 하시니 이 사람들 상대로 사업을 할 생각까지

할 수 있었네요!"

민철이는 감탄했다.

"사람이 어딘가에 모이면 꼭 사업 아이템이 따라다니거든. 그리고 그 사람들이 어떤 어려움이 있는지, 무엇을 필요로 하는지 관찰해야 돼. 사람들의 불평불만이라고 생각하지 말고, 그걸 사업으로 어떻게 해소해 줄까 생각을 해야 돼. 중국 대도시에 한국 사람들이 만든 코리아타운 있잖아. 거기도 사업 아이템이 넘쳐나!"

5층 삼촌은 항상 사업 생각만 한다.

"참, 그건 그렇고, 네가 하는 일은 어때?"

"대학교 때 배운 전공으로 먹고살아요. 요즘 한창 4차 산업 혁명 이야기가 나오잖아요. 중국에서 이쪽 산업을 엄청 키우고 있어요. 물론 여러 가지 어려움이 있지만, 전체적으로는 성장 가능성이 큰 것 같아요."

"네가 하는 일은 뭐야?"

"얼마 전에 한국의 꽤 큰 기업이 상해에 법인을 설립했어요. 그 회사가 자기네가 개발한 블록체인을 우리 회사가 개발한 메타버스와 함께 할 수 있는 것이 없는지 제안을 했는데, 그것과 관련해서 미팅하러 왔어요."

"나는 들어도 모르겠다. 지금 한창 코인 얘기가 많던데, 그것 외에는 들어 본 적도 없어."

"아, 예, 블록체인이 코인이기도 해요. 그런데 막 투자해서 주식처럼 하는 그런 것은 아니에요. 제가 하는 것은 개발이에요."

"음, 어쨌든 요즘 중요한 기술이라는 말이지?"

"예, 전자 상거래를 비롯해서 요즘 우리가 사용하는 디지털 플랫폼의 여기저기에 직간접적으로 다 관여한다고 보시면 돼요."

"어, 뭔가 알 듯한데 모르겠다. 하하, 자, 고기나 많이 먹어라."

"조만간에 인공 지능 이야기가 엄청나게 나올 것 같아요."

"어어, 그래그래, 내가 괜히 물었다. 어쨌든 뭐든 성공하면 된다! 하하하."

◇◇◇◇◇◇◇◇◇◇◇◇◇◇◇◇◇◇

두 사람은 전혀 다른 일을 하고 있었고 각자의 전문 용어도 너무 달랐다. 그러나 이들에게는 공통 언어도 많았다. 민철이는 나이가 들면서 터득한 삶의 지혜가 있었다. 5층 삼촌은 이미 지나온 사람으로서 이 지혜의 중요성을 인생의 우선순위에 두고 있었다.

"학교 다닐 때까지는 전혀 몰랐는데 사회에 나와 보니 사람을 만나는 것이 정말 중요하다는 것을 알게 됐어요."

"그렇지, 그게 엄청 중요해."

"물론 매번 좋은 사람, 말이 통하는 사람, 마음이 맞는 사람을 만날 수 있는 것은 아니지만 사람을 만나야 일이 되고, 사람과 소통을 해야 일이 해결되는 것 같아요."

"내가 무역을 하잖아. 우리 이쪽 분야가 딱 그래. 대부분의 시간이 사람을 만나 이야기하는 일이야."

"예, 삼촌이 그동안 얼마나 많이 다니고, 얼마나 많은 사람을 만났는 지 저도 잘 알죠."

"너는 회사 다니는데 그런 것이 중요하게 느껴지니?"

"그럼요. 일단은 부서 내에서 사람과 친하게 잘 지내야죠. 그리고 부서 간에도 그렇고, 다른 회사, 그러니까 협력 파트너와도 관계를 잘 처리해야 하고요. 저 지금 보세요. 외국까지 나와서 사람을 만나야 하잖아요."

"그렇구나. 거기도 사람 만나는 일이 장난이 아닌가 보구나."

"예, 사람을 만나면서 제가 깨우친 게 있어요. 항상 사람들은 역할이나 특징에 따라 묶여 있는 것 같아요. 제가 프로그램 개발 쪽 일을 하는데 우리 부서가 전부 개발자들이에요. 전부 다 대학교에서 컴퓨터와 관련된 전공을 했어요. 그런데 다른 부서는 또 다른 전공자들로 묶여 있어요. 이렇게 묶인 사람들 사이에는 눈에는 보이지 않는, 마음의 장벽이 있는 거예요."

"오호, 장벽!"

"예, 그런데, 일을 하려면 이 장벽을 넘어야 해요. 넘지 못하면 일을 못해요. 회사 내부에서의 이런 경계뿐만 아니라 회사와 회사 사이에도 장벽이 있을 거잖아요. 그리고 국가와 국가 사이에는 더 말할 나위 없고요. 제가 회사에서 혼자 코딩하고, 부서 사람들과 함께 프로그램을 개발하는 것은 그냥 하면 되는데 그것만 가지고 회사에 기여할 수 없어요. 일을 잘하려면 이런 장벽을 넘나들어야 하는 것 같아요."

민철이가 터득한 지혜에 5층 삼촌도 연신 고개를 끄덕였다. 사실 5층 삼촌이야말로 장벽 넘기의 달인이 아니었던가? 중국의 가장 동북쪽이라고 할 수 있는 계서에서 태어나 용정으로 이사하고, 훈춘을 지나 블라디보스토크까지, 삼합을 통해 회령에 다녔다. 하얼빈, 장춘, 심양, 대련에 가서 사업을 했고 북경, 청도, 상해에도 사업하러 다녔다. 가족을 만나러 대구, 영천까지 갔고, 협력 업체 만나러 동대문을 집처럼 다녔으며, 지금은 서울의 한복판에서 아래층 조카와 이야기 중이다. 그는 다양한 지역에서 다양한 방언을 하는 러시아 동포, 미국 동포, 일본 동포를 만났다. 북한에서 중국에 건너갔다가 제3국을 거쳐 한국에 오게 된, 그야말로 인생 자체를 장벽 넘기에 바친 사람을 돕기도 했다. 여기에 더해 중국에서 맺은 다양한 민족과의 관계까지 합치면 그가 넘은 장벽의 수는 손가락 발가락을 다 합쳐도 부족하다.

"그래서 삼촌이 참 대단한 것 같아요!"

"대단한지는 모르겠고, 중국에서 사업하는 한국 사람도 그렇고, 나도 그렇고, 그저 자기 자신과 가족에 대한 애정이 깊어서 그러는 것이 아닐까? 사람이 태어난 이상 부모와 친척이 있게 되고, 또 가정을 이루면 가족이 생기고, 이 사람들에게 책임을 져야 하잖아. 나에게 이 책임은 부담이 아니고 애정이었던 것 같아. 그러니 사람을 만나는 일은 몸은 고단하지만 즐거워."

"그렇지만 매번 새로운 사람을 만나는 것이 쉬운 일은 아니잖아요."

"그건 그래, 하지만 이게 일이 된 이상 즐겨야지. 가족은 물론 나와 함께 사업하는 사람들이 더 나은 생활을 하려면 내가 사업을 더 잘해야 하고, 그러려면 이런 장벽을 꼭 넘어야 해. 그런데 매번 모든 일이 즐거울 수는 없잖아, 그럴 땐 뭔가 정신적으로 즐거움을 만들어야 했어. 그래서 나는 매번 사람을 만날 때 그 사람의 장점이 무엇인지 찾으려고 노력해. 그 과정이 은근히 매력적이야. 세 사람이 길을 가면 그중에 반드시 나의 스승이 될 만한 사람이 있다는 말이 있잖아. 그 사람은 따라 배우고, 그렇지 못한 사람은 반면교사로 삼아 나 자신을 되돌아보면 돼."

"장점을 찾아본다! 이런 말이 있어요. '눈에 보이는 것이 그 사람의 수준이다.' 삼촌 철학이 깊으시네요. 하하!"

"너무 진지했나? 그런 마음가짐을 하니 물리적인 장벽은 물론 마음의 장벽도 쉽게 넘게 되더라."

"장벽을 넘으니 사람이 연결되네요!"

"야~, 그 말이 멋있다! 장벽을 넘으니 사람이 연결되었다! 사람이 연결되면 다른 장벽도 넘을 수 있지. 역시 배운 사람이 말을 멋있게 하네! 예전에 나를 따라다니던 코흘리개가 이제 제법 어른이 됐어!"

그날 저녁, 두 사람은 오랜만에 만나 늦은 밤까지 이야기를 나누며 회포를 풀었다. 한때 초등학생이었던 민철은 이제 30대 중후반이 되었고, 그가 어렸을 때 항상 웃으며 맞아 주고 여기저기 데리고 다녔던 5층 삼촌은 어느덧 나이 예순을 바라보는 중년의 아저씨가 되었다. 세월은 빠르게 흘렀고, 서로 다른 환경 속에서 살아온 만큼 두 사람의 삶에도 많은 변화가 있었다.

민철은 이날 5층 삼촌이 왜 그렇게 열심히 살았는지 의문이 풀렸다. 철없던 시절에는 그저 따라다녔지만 민철이도 나이 들수록 5층 삼촌의 삶을 이해하고 싶었다. 이날 5층 삼촌은 매우 짧았지만, 가족을 생각하며 걸어온 길을 이야기를 했다. 어린 시절부터 소중히 여겨 온 가족과의 관계가 결국 그를 더 넓은 세상으로 이끌어 주었다는 것이 5층 삼촌의 고백이었다.

어린 나이에 고향을 떠나 사업을 시작했고, 이주한 곳에서 가정을 이루고 부모가 되었다. 5층 삼촌의 부모 역시 고향을 떠나 타향에서 새로운 뿌리를 내린 사람이었고, 시간이 흘러도 고향의 가족을 잊지 않았다. 5층 삼촌은 처음부터 큰 계획이나 야망을 가졌다기보다 단순히 가족을 위해 더 좋은 삶을 꿈꾸던 마음이 그로 하여금 장벽을 넘게 하는 원동력이 되었고, 그 결과로 많은 사람들과 자연스럽게 연결될 수 있었다. 스스로를 대단한 사람이라 생각해 본 적 없는 삼촌이었지만, 이날 민철이가 알게 된, 가족을 생각하며 걸어온 5층 삼촌의 길은 무언가 소중하고 따뜻한 힘이 담겨 있는 듯했다.

◇◇◇◇◇◇◇◇◇◇◇◇◇◇◇◇◇◇◇

두 사람이 만나고 정확히 1년 6개월 뒤, 전 세계는 코로나19 팬데믹으로 인해 크게 흔들리기 시작했다. 전염병이 퍼지면서 국가 간의 경계는 닫히고, 사람들의 이동도 제한되었다. 각 지역 간의 교류가 끊어졌고, 사람들 사이에도 거리 두기가 강요되었다. 예상치 못한 전염병은 우리의 삶에 커다란 상처를 남겼으며, 물리적 거리감은 그 어느 때보다 커져만 갔다.

하지만 인간의 의지는 강했다. 그동안 쌓아온 인간관계와 연결에 대한 소중함을 절실히 깨달으면서 서로를 위한 따뜻한 마음은 더욱 강해졌다. 코로나19가 사람들 사이를 물리적으로 멀어지게 했지만, 그것은 어쩌면 다가올 또 다른 위기에 대해 우리가 어떻게 서로를 연결할 수 있을지를 미리 경험해 보는 리허설 같은 것이었는지도 모른다. 우리가 마주한 전염병은 힘들었지만, 이 위기가 가져온 교훈은 소중했다. 장벽을 넘어 다른 사람들과 함께하고자 하는 인간의 의지는 단단했고, 다시 문이 열리자 사람들은 더더욱 서로를 찾았다.

시간이 흘러, 교류의 문이 다시 열렸다. 민철은 사업 협상을 위해 더욱 자주 한국을 방문하게 되었고, 5층 삼촌의 사업도 다시 제자리를 찾았다. 두 사람은 자기의 위치에서 새로운 교류와 만남을 이어 갔고, 다양한 사람들과 지역을 연결했다. 장벽을 넘는 이들의 여정은 현재에도 계속되고 있다.

5층 삼촌
깊게 읽기

러시아

몽골

흑룡강성[헤이룽장성]

●하얼빈

●계서[지시]

길림성[지린성]

내몽골자치구

길림[지린]

장춘[창춘]

연길[옌지] 삼봉

●블라디보스토크

용정[룽징]

삼합[싼허]

크라스키노

심양[선양]

회령

백두산[창바이산]▲

●혜산

요령성
[랴오닝성]

단동[단둥]

●신의주

●북경[베이징]

●천진[톈진]

대련[다롄]

●평양

중국

●서울

일본

동북아시아 지역 지도. 북한 위쪽 연길, 용정 등이 있는 곳이 연변 조선족 자치주이다.
백두산 아래 북한 바로 위, 바이산시 아래 일부 지역이 장백 조선족 자치현이다.

중국 동포(조선족)의 시작

중국과 한반도는 오래전부터 교류를 이어 왔기에 중국에 거주하는 한
민족의 역사 기원을 정확히 말하는 것은 쉬운 일이 아니다. 다만 현재
의 중국 동포 사회는 1800년대 중후반부터 이주한 사람 및 그 후손에
의해 만들어졌다고 보는 것에는 이견이 없다.

　18세기와 19세기 교차기에 농민을 포함해 다양한 직업의 조선인들
이 두만강과 압록강을 건넜다. 초기에 이주한 사람들은 강과 가까운
곳에 정착했고, 후에 이주한 사람들은 하천과 경작지를 따라 북쪽으로
올라갔다.

　한반도에서 초기에 이주한 사람들은 주로 함경도, 양강도, 자강도,
평안도 일대 사람이었다. 5층 삼촌이 심양과 단동에서 만난 중국 동포

◊ 일본의 식민지 착취를 담당한 조선은행 간도 용정 지점 건물이다.

◊ 청산리 전투의 영웅, 김좌진(앉은 사람)과 북로 군정서 군인들이다.

의 부모 또는 조부모가 바로 이때 이주한 사람들이다. 이후 강원도, 황해도, 경기도, 그 뒤로는 경상도 사람들이 뒤따랐다. 이러한 이주로 중국 동북 지방의 북부에는 경상도 출신 사람들이 많다. 5층 삼촌의 아버지가 바로 그중 한 명이었다. 만주에 이주한 조선인들은 새로운 땅에 정착하여 농업, 상업, 그리고 다양한 일에 종사하며 삶을 개척했다.

청나라가 무너지고 중화민국이라는 새로운 나라가 들어서면서, 중국의 다양한 지역에는 군벌이 통치하는 혼란스러운 상황이 이어졌다. 동북 지방, 즉 만주도 마찬가지였다. 그러다가 1930년대에 일본 제국주의 세력이 만주국을 세우고, 만주에 대한 식민 통치를 시작했다. 만주국은 청나라의 마지막 황제였던 푸이를 황제로 옹립했다. 중국에 이주한 조선인들은 예기치 못한 새로운 변화 속에서, 청나라 사람에서 중화민국 사람이 되었다가 일본이 지배하는 만주국 사람이 되는 복잡한 상황에 놓였다.

일본은 만주국을 안정적으로 통치하기 위해 '오족협화' 슬로건을 내세우며 만주국의 다양한 민족이 함께 조화를 이루어 살 수 있는 나라의 이상을 설파했고, '왕도낙토' 슬로건을 내세워 만주국이 직전의 군벌 통치보다 좋다고 선전했다. 그러면서 만주에 있는 조선인들 중 일부는 만주국의 체제에 어느 정도 동화되었고, 조선인 지식인들은 만주국의 고위직이 되거나 관동군에 입대하여 출세하고자 했다.

다른 한편, 만주에 정착한 조선인들의 수가 늘어나면서 만주는 조선인들이 조국의 독립을 위해 활동하는 중요한 터전이 되었다. 일본의 지배에 기생하여 성공 가도를 달리려고 했던 사람들과 달리, 조국의 독립을 위해 온몸을 내던진 사람들이 더 많았다. 봉오동, 청산리 등 지역에서의 독립 전쟁은 물론 다양한 계열의 수많은 독립운동 영웅들이 만주에서 활동했다.

변화 속에서도
전통문화를 지키다

1949년 중국이 설립되면서, 중국에 남아 있던 조선인들은 중국 사람이 되었다. 이들 중 농민들은 토지개혁을 통해 농지를 나누어 받았고, 집이 없는 사람들은 집을 얻었다. 중국은 다민족 국가라는 정체성을 중요하게 여겼기 때문에 중국 동포를 비롯하여 특정 민족이 많이 사는 지역에 지역 자치 제도를 도입했다. 대표적인 예로 연변 조선족 자치주와 장백 조선족 자치현이 있다. 또한 민족어 교육을 보장하고 장려하여 중국 동포가 자신의 언어와 문화를 유지 및 전승할 수 있게 했다.

하지만 얼마 지나지 않아, 중국은 새로운 체제에서 노동자와 농민이 국가와 사회의 진정한 주인이 되어야 한다는 명분을 내세우며 전통적인 문화와 지식, 기술, 사상을 모두 청산하는 급진적인 계급 투쟁을 시작했다. 중국에서 전통이라고 하면, 대개 그 시대를 대표하는 문화나 사상을 말했다. 이러한 문화나 사상은 그 시대를 살았던 지배층의 생활에서 나온 것이다. 중국에 가서 전통문화를 체험한다고 할 때 궁궐이나 문화재로 지정된 전통 가옥들을 둘러볼 때가 많다. 이런 건물은 봉건 시대의 지주나 사대부 같은 지배층의 자산이었다. 그래서 당시 농민과 노동자 중심의 일반 대중은 자신의 문화를 강조하고, 중국 내 모든 민족들도 이러한 계급적 성격에 기초하여 하나가 되어 새로운 문화의 주류가 되기를 원했다. 이 과정을 '무산 계급 문화 대혁명'이라고 불렀다. 이런 큰 정치적 변동으로 중국에 살던 중국 동포 내에서도 의견 차이가 생길 수밖에 없었고, 일부는 이러한 주류적 흐름에 동참했다.

다른 한편, 도시에서 살던 사람들이 대거 농촌에 가서 농민의 삶과 문화를 배워야 했다. 당시의 농촌은 농민들이 경작지를 공동으로 경작하고 함께 생활하는 집단 농업의 시대였다. 이러한 우발적인 환경 변화 '덕분'이라고 할까? 정치적 제한이 있더라도 사람들이 자연스럽게 모여 살면서 자신들의 언어와 문화를 이어 갈 수 있었다. 그래서 민철이나 5층 삼촌 같은 중국 동포들이 개혁 개방 정책 이후에 중국, 남한, 북한을 오가면서도 언어나 문화적 이질감을 느끼지 않을 수 있었다. 이러한 공동체적 삶이 있었기에 중국 동포들은 중화민국/군벌 시기,

◊ 1880년경 조선인이 발견했다는 용정의 '용두레 우물'이다.

◊ 조선족 작가들의 글을 펴내는 문학잡지 『연변 문예』

만주국 시기에 그랬던 것처럼 거주국의 사람으로 살면서 민족 문화를 계속 유지할 수 있었다. 다민족 국가에 사는 사람들은 국적과 민족이 일치할 필요가 없었다.

장벽이 낮아지다

◇◇◇◇◇◇◇◇◇◇◇◇◇◇◇◇◇◇◇◇

1970년대 말부터 중국은 개혁 개방의 시대에 돌입하면서 경제 발전을 가장 우선순위에 두었다. 중국과 북한은 예전과는 비교할 수 없을 만큼 자유로운 경제 교류를 시작했다. 양국의 해빙 덕분에 강을 사이에 둔 두 나라 사람들의 생활이 더 풍요로워졌다. 국제 질서가 바뀌기 시작하자, 중국 동북 지방의 개방과 발전에 관심이 많던 전문가들은 중국, 북한, 러시아가 맞닿아 있는 두만강 유역을 개발해서 지역 사회를 발전시키자는 주장을 펼쳤다. 전문가들은 국제회의를 열어, 두만강 유역을 '황금 삼각주'라고 부르며, 개발이 이루어질 경우 많은 사람들이 혜택을 볼 수 있을 것이라고 전망했다. 민간의 이런 움직임은 국가 차원의 구체적인 정책으로 이어졌다.

§ 북한과 중국, 러시아 세 나라의 국경이 만나는 두만강변의 방천[팡촨]에 있는 건물이다.

1991년, 유엔 개발 계획(UNDP)은 중국, 러시아, 북한, 몽골, 그리고 한국 대표를 초청하여 이 공동 개발 사업을 추진하기로 했다. 국제 기구가 주도하고 여러 나라가 함께 참여하는 지역 개발 사업이 시작된 것이다. 이 흐름에 맞춰 중국도 두만강 하구에 있는, 러시아와 북한과 동시에 접한 연변의 훈춘을 개방 도시로 지정했다. 북한도 이 사업에 적극적이었고 라진과 청진을 개발하려는 계획을 세웠다. 러시아도 블라디보스토크와 포시예트를 연결하는 개발 계획을 발표했다. UNDP

는 훈춘, 라진, 포시예트를 연결하는 '소삼각형'과 연길, 청진, 블라디보스토크를 연결하는 '대삼각형'을 두만강 유역 개발 사업의 핵심 지역으로 설정했다. 5층 삼촌이 북한과 러시아를 넘나들면서 무역을 할 수 있었던 이유가 바로 여기에 있었다.

이 시기는 마침 세계화 시대의 시작이기도 했다. 미국을 중심으로 한 서구의 금융 자본과 산업 자본이 값싼 노동력과 소비 시장을 찾아 국경을 넘기 시작했다. 이들은 자신의 활동을 '세계화'라는 수사로 묘사했다. 경제적으로 세계가 연결되면 국가 간의 관계가 더욱 원활해질 것이라고 주장했다. 당시 한창 개혁 개방 정책을 추진하고 있던 중국이 이들에게는 아주 매력적인 시장으로 다가왔다. 돈, 상품, 노동력 등의 이동이 활발해지기 시작했고, 이러한 흐름에 따라 국경의 장벽은 자연스럽게 낮아졌다. 5층 삼촌 역시 알게 모르게 이런 흐름 속에서 살아가고 있던 수많은 중국 동포 중 한 명이었다.

연결된다는 것

◇◇◇◇◇◇◇◇◇◇◇◇◇

새천년이 시작될 때, 세상은 상상 이상으로 변화하기 시작했다. 많은 미래 예측들이 있었지만, 실제로 일어난 일들은 그 어떤 예상도 뛰어넘었다. 2000년 시드니 올림픽에서는 남북한이 한반도기를 들고 함께 입장했고, 이듬해 중국은 미국이 주도하는 세계 무역 기구(WTO)에 가입했다. 그리고 2002년에는 서로 사이가 좋지 않던 한국과 일본이 월드컵을 공동 개최했다.

2000년대에 들어서면서 국제기구든 중국 정부든 더욱 적극적으로 경제 발전을 위한 정책 개발과 시행에 몰두했다. 이런 노력의 결과로 5층 삼촌처럼 사업하는 사람들은 크게 편해졌다. 첫째, 교통이 매우 편리해졌다. 동북 지방에는 당시까지만 화물 수송이 전적으로 일반 철도

◊ 연길소년궁은 어린이와 청소년들의 교육과 문화, 오락 등을 지원하는 기관이다.

◊ 연변도서관은 한국어 책 8만여 권을 소장하고 있다.

노선에 의지했다. 그런데 중국 정부의 개발 사업으로 동북 지방의 주요 지역에는 전부 고속 도로와 고속 철도가 개통되었다. 국경 도시인 훈춘까지 교통 인프라가 개선되면서 북한, 러시아와의 인적, 물적 교류가 수월해졌다. 5층 삼촌도 이제 러시아에 갈 때 길에서 고생할 필요가 없게 되었다.

둘째, 금융 시장이 더욱 통합되었다. 대표적으로 해외 송금이 쉬워졌다. 과거에는 특정 은행에서만 사용하던 환어음을 이용하거나, 여행자수표를 이용하거나, 또는 정 안 되면 돈다발을 들고 다녔다. 국제 송금을 이용할 수 있는 시대가 열리니 국경을 넘나들 때 몸이 훨씬 홀가분해졌다.

셋째, 휴대폰이 널리 보급되었다. 5층 삼촌은 1990년대 초반에는 비싼 요금을 지불하면서 빅브라더(초기 휴대폰 모델로, 흔히 벽돌폰이라고도 했다.)와 삐삐(무선 호출기)를 들고 다녔다. 이 두 통신 기기는 당시 홍콩 영화에서 돈깨나 있는 사람들의 허세용으로 이름났지만 5층 삼촌에게는 생명줄이나 다름없었다. 이후 전 세계 휴대폰 기업이 중국에 공장을 짓고 제품을 생산하기 시작했고, 이로 인해 통신 기기가 널리 보급된 덕분에 5층 삼촌은 사무실에서는 물론 이동 중에도 국제 전화를 걸어 사업을 의논하는 일이 많아졌다.

넷째, 인터넷이 연결되면서 더 많은 정보와 사람들이 빠르게 연결되었다. 1990년대 IT 산업의 발전과 함께 중국도 발 빠르게 개인용 컴퓨터 시대에 돌입했다. 세계의 공장답게 거의 모든 종류의 컴퓨터와 노트북이 생산되었다. 컴퓨터의 보급은 인터넷과 연동되어, 사람들은 전자 우편으로 실시간으로 소식을 주고받았다.

중국 동포의 오늘과 내일

중국 동포 사회는 국내외 상황의 변화와 함께 사회, 경제적으로 분화했다. 중국 경제가 개혁 개방을 거치면서 발전하는 동안, 경제적으로 안정되었거나 성공한 사람들은 계속 중국에 머물며 안정된 삶을 이어가고 있다. 그러나 시장 경제로 바뀌는 과정에서 경제적 혜택을 충분히 누리지 못한 사람들은 더 나은 기회를 찾아 한국이나 다른 나라로 이주해 노동자로 일하고 있다. 이 사람들 역시 한국 사회의 역동적인 변화 속에서 노동자로 일하는 사람, 사업에 성공한 사람 등으로 분화했다. 한국에 온 중국 동포는 1992년 이후 급격히 늘어 2022년에 약 72만 명까지 증가했다가, 이후 점점 줄어들어 2023년에 약 63만 명이다.

또한 요즘에는 한국 대학에 입학하는 중국 동포 유학생이 늘고 있

◊ 서울의 대림동은 중국 동포들이 가장 많이 모이는 곳 중 하나이다.

다. 이 학생들은 중국에서 우수한 교육을 받고 한국의 대학이나 대학
원에서 학업을 이어 가는 경우가 많다. 이들은 졸업한 후 전문직으로
일하며 양국의 교류와 호혜적인 관계를 구축하는 데 기여하고 있다.

중국 동포들은 한국뿐만 아니라 일본에도 10만 명 이상 거주하고
있다. 특히 개혁 개방 정책 초기 일본 정부가 국비 장학생으로 초청해
간 사람들이 많아서, 일본에 있는 중국 동포들 중 다수는 높은 학력과
전문성을 갖춘 사람들이다. 이 외에도 미국, 영국, 프랑스, 이탈리아 등

§ 2018년 대림중앙시장의 풍경.

서방 여러 나라에도 이주해 살고 있다. 이들은 각 나라에서 사업가, 학생, 노동자 등 다양한 일을 하면서 그곳에 자리 잡고 있다.

연결이라는
이름의 길

◇◇◇◇◇◇◇◇◇◇◇◇◇◇◇◇◇◇◇◇◇

5층 삼촌의 이야기는 한 사람이 어떻게 새로운 곳에서, 새로운 사람들과 연결되며 성장해 왔는가에 관한 이야기다. 그것은 단지 사업의 성공담이 아니라, '사람을 만나고 이어 가는 것이 무엇을 의미하는가'에 대한 이야기이기도 하다.

5층 삼촌은 사업이라는 현실적 수단을 통해 움직였고, 움직이는 동안 많은 사람을 만났다. 어떤 사람은 동료가 되었고, 어떤 사람은 손님이 되었으며, 어떤 사람은 오랫동안 기억에 남는 존재가 되었다. 처음에는 가까운 곳에서 시작한 사업이 점점 다른 곳으로 확장되었고, 여러 나라를 가로지르는 규모로 성장했다. 새로운 사람을 만나는 것이 쉬운 일이 아니었지만 그는 두려움보다 가능성을 더 크게 보았고, 그 사람의 단점보다 장점을 더 중요하게 여겼다.

그의 여정은 결국 '연결'이었다. 낯선 지역, 낯선 사람들, 서로 다른 삶의 방식들을 하나씩 연결하고, 본인도 이들에 연결되어 갔다. 어떤 연결은 금방 끊어졌을 것이고, 어떤 연결은 오랜 시간에 걸쳐 천천히 단단해졌다. 그 과정을 통해 그는 점점 더 다양함을 받아들이게 되었고, 그 경험이 세상을 더 크게 볼 수 있는 눈을 만들어 준다는 사실을 깨달았다.

폐쇄적이고 고립적인 분위기가 익숙해지고 있는 시대다. 익숙하지 않은 생각을 받아들이는 일이 낯설고 피곤하게 여겨지는 때다. 낯선 것을 피하고, 익숙한 것만 추구하다 보면, 연결보다는 단절이 익숙해진다. 하지만 사람은 혼자 살 수 없는 존재고, 어떤 시대에도 결국 함께 살아가는 길을 선택해야 한다.

서로 다른 사람을 이해하고 존중하는 능력은 하루아침에 생기지 않는다. 그것은 반복되는 만남과 대화, 실패와 화해, 오해와 배움 속에서 조금씩 자라는 것이다. 그렇게 만들어진 감각은 결국 한 사람이 사회를 살아가는 데 가장 중요한 자산 중 하나가 된다. 그것은 시험 점수나 자격증처럼 눈에 보이는 성과는 아니지만, 한 사람의 직업이나 지식보다 더 깊이 사람을 연결하는 힘이 된다.

5층 삼촌의 이야기는 여기서 끝나지만, 질문은 남는다.

지금 나는 누구와 연결되어 있는가?

그리고 나는 누군가에게 어떤 다리가 되고 있는가?

이 질문에 정답은 없다. 다만, 이 질문을 계속 붙잡고 살아가는 사람에게, 연결은 고단한 일이 아니라 삶의 일부가 된다. 그리고 그런 사람들은 언제나, 조금 더 나은 세상을 만드는 쪽으로 걸어가게 된다.

그림을 그린 **장선환** 선생님은
경희대학교 미술교육학과와 동 대학원 회화과를
졸업했어요. 화가, 그림책 작가로 활동하며 대학에서
학생들을 가르쳤고, 『선로원』으로 '2024 대한민국
그림책상 특별상'을 받았습니다. 쓰고 그린 책으로
『아프리카 초콜릿』『파도타기』『줄을 섭니다』『갯벌 전쟁』
『우주 다녀오겠습니다』『날아라 아빠 새』 등이 있고,
그린 책으로 『임진록』『땅속나라 도둑괴물』『안개 숲을
지날 때』『검은 소 깜산』 등이 있습니다.